I0490069

Capítulo 1:

Cambiar la perspectiva

Piense en las palabras "participar" y "compromiso".

Compromiso puede ser un sustantivo, pero sigue siendo una palabra activa, que indica movimiento. Ya se trate de un compromiso personal o empresarial, es algo que se *hace*. Requiere esfuerzo.

Comprometerse es un verbo transitivo. Sé que la gramática fue hace mucho tiempo para muchos de nosotros, pero eso significa que requiere un objeto. En otras palabras, se dirige *a* alguien o a algo. Nos comprometemos con alguien, un ejército se compromete con un enemigo, un buen libro o una buena película te comprometen, nos comprometemos con la gente en una conversación.

Una comunicación en línea eficaz requiere la participación de una persona, no de un ordenador.

Una comunicación en línea eficaz requiere la participación de una persona, no de un ordenador. No me canso de repetirlo. Es la clave para aportar excelencia a los seminarios web, las conferencias web y las reuniones en línea, tanto si eres el presentador como un asistente. Es vital no olvidar nunca que se está hablando con personas reales y hacerlas participar como si estuvieran realmente allí.

Intelectualmente, parece obvio, pero la mayoría de la gente actúa como si hablara con un ordenador, no con una persona. El compromiso virtual requiere un acto de imaginación. Tienes que *fingir* que la cámara es una persona real (fíjate en que he dicho cámara, no pantalla; volveremos a ello en breve).

El compromiso virtual requiere un acto de imaginación.

SOCIAL VS. SOLO

Imagina una reunión en la sala de juntas. Haz que la sala sea lo más estereotipada posible. Mira la larga mesa de roble y las sillas negras de ejecutivo que se extienden a ambos lados. A tu derecha, ventanas del suelo al techo que miran a la ciudad desde lo alto. Ahora añade a la directora general en su asiento a la cabecera de la mesa y al resto de altos ejecutivos, todos vestidos de forma muy profesional.

¿Cómo te prepararías para esa reunión? ¿Tendría su presentación bien afinada, todos sus materiales organizados y pensadas todas las posibles preguntas y su respuesta? ¿Cómo se vestiría? ¿Sentirías un escalofrío de miedo al entrar por la puerta?

Ahora imagina que te sientas frente al ordenador en la intimidad de tu habitación, con tus hijos viendo la tele en el salón, y escribes un correo electrónico a ese mismo director general. ¿Te pondrías tu ropa más profesional? ¿Sentirías el mismo miedo que cuando pulsas "Nuevo correo electrónico"?

Claro que no.

Trabajar con un ordenador es intrínsecamente una actividad en solitario y las reuniones son una actividad social. Lo que quiero decir es que siempre estamos en uno de estos dos modos: en solitario y social. Estar solo no significa estar solo. Si estás en casa un sábado por la mañana con tu cónyuge o con un compañero de piso de toda la vida, probablemente sigas en modo solitario: no te importan los dientes sin cepillar o los pantalones de chándal y las camisetas de la universidad bien usados.

Trabajar con un ordenador es, por naturaleza, una actividad en solitario, mientras que las reuniones son una actividad social.

Otra forma de describirlo es *en el escenario* frente a *fuera de él*. Cuando estás en solitario, no tienes en cuenta cómo te ven los demás. Si ese mismo sábado recibes una llamada de tus nuevos vecinos pidiéndote azúcar prestada, probablemente te laves los dientes, te pongas un bonito chándal y te asegures de que la vista desde la puerta principal es aceptable. ¿Qué ha ocurrido? Has pasado al modo social.

Antes de la pandemia, las reuniones en persona activaban tu modo social. Aunque fueras introvertido, aceptabas el reto social. Te vestías para la ocasión, estrechabas la mano, sonreías y entablabas conversaciones triviales. Y lo que es más importante, se inclinaba para escuchar, asentía con la cabeza, miraba a los ojos, mantenía una postura correcta y se esforzaba por estar plenamente presente.

Esas acciones requerían más esfuerzo que pulsar un teclado, pero te recompensaban con una conexión humana, un feedback dinámico y energía emocional.

Sin embargo, una vez que saliste de la reunión y te sentaste frente al ordenador, volviste al modo solitario. Tu cerebro desactivó la necesidad de leer las señales sociales y trasladó esa capacidad al trabajo que tenías entre manos. Por naturaleza, consideramos el trabajo informático como un trabajo en solitario.

Consideramos el trabajo informático como un trabajo en solitario.

Te he pedido que imagines primero una reunión en la sala de juntas y luego la redacción de un correo electrónico. Ahora imagina un tercer escenario: Estás a punto de asistir a una reunión virtual con tu director general y hacer una presentación. Seguirás solo en tu habitación, pero ahora estarás interactuando con personas reales.

¿Estarás en modo social o en solitario?

Si eres como la mayoría de la gente, estarás en modo solitario. ¿No me crees? En
reuniones "reales", nosotros...

- … mantener un contacto visual adecuado.

- … no nos escondamos detrás de un papel negro con nuestro nombre (es decir, apaguemos la cámara).

- … prestar atención a nuestra postura y a lo que comunica.

- … no navegues abiertamente por la red.

- … ofrecen información en tiempo real.

- … no te olvides de llevar nuestros pantalones.

El principal obstáculo para la excelencia en la comunicación virtual es que la tratamos como un trabajo de ordenador en lugar de un trabajo de personas. Nos centramos más en lo "virtual" que en la "comunicación" y la conexión.

Tratamos la comunicación virtual como un trabajo informático y no como un trabajo humano.

Piensa en el Capitán James T. Kirk en su llamada intergaláctica de Zoom. Se mantuvo en un modo social activo en lugar de pasivo. No realizó varias tareas a la vez, sino que se implicó al máximo con su audiencia. Mantuvo una postura de mando e interés. Vestía de uniforme, lo que significaba para su público (y para su propia psique) que estaba trabajando. Mantuvo la variedad vocal y habló con un volumen ligeramente elevado. Se dirigió a las imágenes de la pantalla como si fueran personas y no ordenadores.

Para conseguir una mayor conexión y eficacia a través de las reuniones virtuales, debemos cambiar nuestra perspectiva y verlas como los acontecimientos sociales que son. Tenemos que tratar las conversaciones virtuales como conversaciones reales. Tenemos que implicar a las personas que están al otro lado de la cámara.

Trate las conversaciones virtuales como conversaciones reales.

Conexión virtual

Mientras escribo estas líneas, los bloqueos de COVID se han levantado en gran parte, pero los recuerdos de la dolorosa separación siguen frescos: Abuelos en centros asistenciales que no pueden recibir visitas, parejas que no pueden cruzar las fronteras internacionales, amigos que no pueden reunirse para su tradicional noche de juegos y niños en salas de oncología que no pueden ver a su familia ampliada.

Para todas estas personas, los videochats parecían un milagro. Aunque estuvieran físicamente separados, podían estar conectados virtualmente, como a Facebook le gustaba recordarnos a través de conmovedores anuncios.

La ventaja más obvia de la comunicación virtual es que permite conectar donde de otro modo sería poco práctico o imposible. En una encuesta, el 89% de las personas afirmaron que las videoconferencias les ayudan a sentirse conectadas con las personas que les importan y un asombroso 98% dijo que fortalece las relaciones tanto fuera como dentro de la empresa.[vi] Esta tecnología beneficia especialmente a los miembros de equipos remotos que antes se sentían excluidos de la cultura de la empresa.

Oportunidad virtual

Antes, la geografía era un obstáculo importante para encontrar clientes y conectar con los líderes del sector. A medida que la gente se siente cada vez más cómoda con la comunicación virtual, la geografía es menos una limitación. Obviamente, no sustituye a codearse en una conferencia, pero no dejes que eso te impida aprovechar las nuevas oportunidades.

Es fácil culpar de nuestro cansancio a las conferencias web, diciendo: "No es personal" o "No me siento comprometido". Pero el problema no es el medio, sino cómo lo utilizamos.

Mi mujer y yo nos conocimos en una conferencia en Atlanta, donde ella vivía entonces. Después de la conferencia, volví a Seattle. Podríamos habernos llamado, pero fue a través de MySpace como nos conectamos, ¡eso te dice cuánto tiempo hace de eso! Después de enviar un mensaje por MySpace, no suspiré aliviada ni me quejé de lo impersonal que era. Me sentía lleno de energía y agradecido por la oportunidad de conectar de una forma un tanto personal.

Cuando dos personas invierten su energía en una relación, se ven recompensadas con resultados positivos. Esa energía aporta entonces nueva energía a la relación. Sin embargo, si uno de los dos empieza a dedicar menos energía, la relación se deteriora y empieza a agotar a ambas personas, lo que a menudo provoca la desconexión.

Lo mismo ocurre en las conferencias web. Menos energía se traduce en menos recompensa, lo que a su vez genera aún menos energía. Pero un mayor esfuerzo en la comunicación virtual te hará tener más energía, estar más conectado y, en definitiva, ser más eficaz.

Cuanta más energía dediques a la comunicación virtual, más recibirás.

HABLANDO A TRAVÉS DE LA PUERTA

Obviamente, las reuniones virtuales no son lo mismo que las reuniones en persona. De la misma manera que hablar con mi hijo a través de la puerta del baño requería intencionalidad, la participación virtual eficaz requiere habilidades específicas. Hablaba con un camarero amigo sobre su trabajo durante la pandemia y me dijo que el mayor reto fue aprender a interactuar con sus clientes a través de una mascarilla. Gran parte del trabajo de camarero consiste en la interacción personal y las expresiones faciales son fundamentales para conectar.

Para superar estos retos, aprendió a sonreír más de la cuenta, lo que les permitía ver la sonrisa en sus ojos y oírla en su voz (¿sabía que los mejores centros de atención telefónica enseñan a sus representantes a sonreír mientras hablan con usted?) También evitaba burlarse de sus clientes porque el riesgo de ser malinterpretado era mucho mayor sin pistas faciales. Por último, hablaba más alto y con más claridad y utilizaba más las manos.

¿Por qué se esforzaba tanto por atraer a sus clientes? Porque su capacidad para conectar repercutía directamente en sus propinas. La comunicación se traduce en dinero.

La comunicación virtual se enfrenta a muchos de los mismos retos. Como ya he dicho antes, crea una barrera entre tú y los demás participantes. Hablemos de cómo "hablar a través" de esa barrera.

Cuanto mayor sea la distancia física entre usted y su público, más grande tendrá que ser.

Como coach para hablar en público, recuerdo con frecuencia a mis clientes que actúen con naturalidad *y algo más* cuando están en el escenario: el orador tiene que adoptar un modelo exagerado de sí mismo. Cuanto mayor sea la distancia física entre el orador y su público, más grande tendrá que ser.

Del mismo modo, la comunicación virtual eficaz debe exagerarse ligeramente para que te vean y te oigan como tú quieres. Es mucho más parecido a actuar en una obra de teatro que en una película: no hay primeros planos que capten tus minúsculas expresiones faciales.

Dado que, por naturaleza, abordamos el trabajo informático en solitario, la mayoría de la gente tiende a animarse menos, a hablar más bajo y a apartarse del ordenador. Esto es lo contrario de lo que hay que hacer. Tienes que aumentar tu entusiasmo, inclinarte hacia el ordenador y esforzarte más para atraer a tu público.

¿Este tipo de compromiso requiere más energía? Por supuesto que sí. Pero, a cambio, tu público se vuelve más enérgico y te devuelve esa energía.

Solución en 60 segundos

> *La próxima vez que tengas que hacer una presentación virtual, busca la forma de poner el ordenador a la altura de los ojos (yo suelo utilizar libros e incluso sillones de hotel cuando viajo) y haz la presentación de pie. Inmediatamente sentirás más energía y poder. Hablaremos un poco más de esto en el capítulo 12.*

ESCUCHA ACTIVA

¿Alguna vez has desahogado tu alma con alguien sólo para que te diga: "Lo siento, ¿qué ha sido eso? No estaba escuchando". ¿O has intentado mantener una conversación seria con alguien mientras no dejaba de mirar el móvil?

Una buena comunicación no sólo tiene que ver con el orador, sino también con el oyente. Como participante en una reunión virtual, eres un colaborador clave y la forma en que escuches, o dejes de escuchar, repercutirá directamente en el orador y, por tanto, en la calidad de la presentación.

> La forma en que escuchas, o dejas de escuchar, influye en la calidad de la reunión.

Recuerda nuestra mentalidad: las reuniones virtuales son actividades sociales, no en solitario. Esté presente *tanto* si habla *como si* escucha. Piensa en cómo demuestras interés en las reuniones cara a cara:

- Acércate para ver un punto clave.
- Asiente para indicar que está de acuerdo.
- Inclínate hacia atrás y cruza los brazos o mueve la cabeza para
- mostrar tu desacuerdo.
- Sonríe para animar.
- Mantenga el contacto visual.
- Interponer "ruidos de escucha".

Haz preguntas cuando necesites claridad.

Es la regla de oro: trata a los demás como quieres que te traten a ti.

DISTRAÍDOS Y DISTRACCIONES

Una encuesta mostró que el 20% de los encuestados creía que las reuniones virtuales eran "raramente productivas" y que casi la mitad prefería las reuniones cara a cara. Pero más del 50% de los encuestados admitía no prestar toda su atención a la reunión. En cambio, sí lo hacían:

- Comprobando el correo electrónico.
- Mensajes de texto.
- Multitarea.
- Merienda.
- Desplazarse por las redes sociales.
- Navegar por Internet.
- Hacer las tareas domésticas.
- Jugar a videojuegos.[vii]

La encuesta no lo decía específicamente, ¡pero apuesto a que el 100% del 20% que calificó de improductivas las reuniones virtuales formaba parte del 50% que se distraía! (¿Has seguido todo eso...)

Oportunidad virtual

> *Según una encuesta, el 82% de las personas son menos propensas a la multitarea en una videollamada que en una llamada telefónica[viii] Creo que la razón es doble. En primer lugar, el vídeo les mantiene más atentos. Segundo, ¡es más probable que les pillen!*

Es fácil achacar la ineficacia a las reuniones mal organizadas, y con razón. La eficacia de las reuniones depende en gran medida de las habilidades de los moderadores, algo que trataremos en profundidad en la tercera parte. Pero los participantes distraídos también tienen su parte de culpa. Si la mitad de ellos están visiblemente distraídos (nunca lo disimulas tan bien como crees), el presentador se desmoraliza y todos los demás se echan atrás. Cuando la participación cae en picado, también lo hace la eficacia.

Ah, y la multitarea es un mito. En realidad, nuestros cerebros no realizan tareas simultáneamente. Cambian rápidamente de una tarea a otra, como escuchar un podcast y escribir un correo electrónico, pero pierden algo de eficiencia con cada cambio.[ix] Así que, como a mi editor, Josh Kelley, le gusta decir: "La multitarea es sólo una gran manera de ser un 'medio-rey'".

La multitarea es una forma estupenda de ser un "rey a medias".

Además de los participantes distraídos, *las distracciones* inesperadas son un problema habitual en las conferencias web. Entre los fallos de Zoom que se han hecho virales figuran gatos juguetones, niños pequeños entrometidos y baños poco discretos. Pueden ser divertidísimos en una reunión ajena, pero no en la tuya. Toma las precauciones necesarias para evitar ser tendencia en YouTube por las razones equivocadas.

INTENCIONALIDAD

La clave de este capítulo es *la intencionalidad*. El padre que habla a través de la puerta del baño, el camarero que se comunica a través de una máscara facial y la estrella del rock Zoomer tienen esto en común: son increíblemente intencionados en su forma de comunicarse, prestando atención tanto a cómo hablan como a cómo escuchan. Sus esfuerzos a corto plazo se ven recompensados con resultados a largo plazo.

Una comunicación virtual eficaz requiere intencionalidad.

_____

Para la mayoría de la gente, el contacto visual es el elemento más crucial de la comunicación. La comunicación virtual complica el contacto visual a muchos niveles, desde dónde mirar hasta cómo combatir la fatiga visual. Ese es nuestro próximo tema.

Trata la cámara como los ojos de una persona real.

Capítulo 3:

Todo está en los ojos

"Los ojos son la ventana del alma".

Lo habrás oído mil veces. La expresión existe desde Shakespeare, pero el concepto es mucho, mucho más antiguo. Ya en el siglo I a.C., Cicerón dijo: "La cara es una imagen de la mente, como los ojos son su intérprete".

La ciencia no hace más que corroborarlo. Podemos fingir una sonrisa o fingir interés, pero no controlamos voluntariamente nuestras pupilas, que permiten a los demás saber lo que realmente sentimos.[x] Estamos muy atentos al más mínimo detalle de los ojos de los demás. ¿Te has dado cuenta de que puedes saber si un peatón te está mirando, aunque no mueva la cabeza y pases a 100 km/h?

El compromiso virtual exige prestar especial atención a los ojos. También requiere un buen cuidado de los ojos, porque el tiempo prolongado frente a la pantalla es una de las principales causas de fatiga mental. Afortunadamente, las "soluciones oculares" son sorprendentemente sencillas.

El compromiso virtual requiere prestar especial atención a los ojos.

MIRA A LA CÁMARA

El primer "ojo fijo" puede que sea el principio más importante de todo el libro, y sin duda el más sencillo: Trata la cámara como los ojos de los demás participantes. Probablemente ya lo sepas por haberte hecho selfies. Si enfocas tu imagen en el teléfono, parece que estás mirando hacia abajo. Sólo cuando miras a la cámara parece que miras al frente.

Trata la cámara como los ojos de una persona real.

Funciona exactamente igual en las reuniones virtuales. Si miras al orador o a la galería (o a ti mismo), parecerá que miras hacia otro lado. Aquí es donde entra en juego el principio "La participación virtual requiere un acto de imaginación". Tienes que fingir que la cámara son los ojos del público. La buena noticia es que resulta más fácil con la práctica, como te puede decir cualquier reportero de televisión.

COLOCACIÓN DE LA CÁMARA

La segunda solución es casi igual de fácil: coloca la cámara a la altura de los ojos. Para ello, puedes utilizar una cámara externa en un soporte o elevar el ordenador (hablaré más sobre el equipo en el capítulo 12). Elevar la cámara y enfocar en ella en lugar de en la pantalla tiene varias ventajas inmediatas:

SEGUNDA PARTE: **PREPARACIÓN**

No hay nada mejor que llegar a una reunión en plena forma.

Capítulo 4:

Prepárate

Thomas Sowell escribió una vez: "Las personas que disfrutan con las reuniones no deberían estar a cargo de nada". Dada la cantidad de reuniones inútiles a las que he asistido (y, por desgracia, he dirigido), comprendo esa opinión. Pero también he participado en reuniones increíbles que han dado lugar a un debate profundo y a acciones decisivas. Como dijo el antiguo rey Salomón: "Los planes sin consejo fracasan, pero con muchos consejeros tienen éxito"[xvii]] ¿Qué marca la diferencia entre una reunión eficaz y una ineficaz?

Dos cosas: personas y preparación. Las buenas reuniones requieren que las personas adecuadas estén preparadas para reunirse y dirigidas por alguien que también esté preparado para facilitar la reunión. Este capítulo se centra en cómo prepararse para una gran reunión. Se centra en los participantes, pero gran parte de él se aplicará también a los facilitadores. Muchas cosas pueden parecer de sentido común, pero la era virtual nos ha vuelto más descuidados, literal y figuradamente.

VESTIDO PARA EL ÉXITO

Hablaba con otra coach sobre un cliente reciente de una sola sesión. Como siempre, se preparó para la sesión repasando sus notas y vistiéndose de forma profesional para su reunión de Zoom. Durante toda la reunión, el cliente mantuvo la cámara pegada a su cara. No creaba una visión muy favorecedora, pero ella lo ignoró. Cuando él se movía, el ángulo de la cámara cambiaba y ella se dio cuenta de que él seguía en la cama y ni siquiera llevaba camisa. Obviamente, eso era muy poco profesional, pero él era el cliente, así que ella terminó la sesión sin hacer comentarios.

Esto es lo que me pareció interesante. Ella casi siempre recibe críticas de cinco estrellas, pero este cliente le dio un raro cuatro estrellas. Pero sé que ella le dio el mismo coaching de alta calidad que da siempre. Creo que fue su falta de preparación y profesionalidad lo que le hizo incapaz de recibir todo el valor de su trabajo.

Cómo te vistes importa. Tú y yo lo sabemos.

Soy preparadora de oradores para Seattle TEDx. Se trata de un grupo muy profesional. Casi todos tienen varios títulos superiores y son líderes en su campo. Cuando trabajo con ellos, me visto para representarme de manera muy profesional, con una chaqueta deportiva y zapatos de vestir como mínimo. Seguro que te has encontrado en una situación similar y sabes lo mucho que influye la apariencia en la forma en que la gente reacciona ante ti. Quizá hayas contratado a un estilista para que te ayude a mejorar tu sentido de la moda. Incluso el "business casual" es más complicado que tu ropa del sábado por la mañana. Tu aspecto comunica mucho.

Entonces, la pandemia de COVID trastornó por completo la vida normal. Nos obligó a la mayoría de nosotros a trabajar desde casa y luchamos por adaptarnos a medida que las reuniones virtuales se convertían en la norma. En aquellos días caóticos, parecíamos haber olvidado todo lo que sabíamos sobre cómo vestirnos para el éxito. Gran parte de ello se debió a la rapidez de los cambios y a la enorme tensión emocional a la que estábamos sometidos. Pero, a medida que la comunicación virtual se convierte en la nueva normalidad, es vital recordar que tu apariencia *virtual* también comunica mucho.

Tu apariencia virtual lo dice todo.

Como demostró aquel cliente descamisado, vestirse para triunfar no es sólo lo que transmite a los demás. Afecta a cómo *nos sentimos* con nosotros mismos: todos conocemos esa sensación de ponernos nuestro atuendo más profesional. Pero durante el cierre de COVID, bajaron las ventas de pantalones, aumentaron las de camisas y se dispararon las de pijamas. El atuendo de negocios arriba y los pantalones de chándal (o algo peor) abajo se convierten en la norma. Puede que sea más cómodo, pero aún así puede afectar negativamente a la productividad.

Incluso si no comete un desliz y enseña accidentalmente los calzoncillos, como han hecho algunos Zoomers, vestirse sólo para la cámara le afectará negativamente.

Como dice Dawnn Karen, autora de *Dress Your Best Life (Viste tu mejor vida)*: "Si no puedes [¡o decides no hacerlo!] ponerte el conjunto que llevas al trabajo, te sientes menos productivo. Te sientes inútil. Eso afecta a tu autoestima"[xviii].

No estoy diciendo que haya que ir bien vestido a todas las conferencias web. Yo suelo llevar zapatillas para las reuniones de Zoom -en nuestra casa se dice "quítate los zapatos en la puerta"-, pero cuando doy un discurso de apertura virtual, sigo llevando zapatos de vestir. Es diferente cómo me siento. Así que experimenta y descubre qué es lo que mejor te sienta. ¿Te sientes mejor cuando vas vestido profesionalmente de pies a cabeza, o puedes ir un poco más informal?

LLEGUE PRONTO Y PREPARE SU ESPACIO

Aparte de no llevar pantalones, pocas cosas son menos profesionales que hacer esperar a todo el mundo mientras corres a la otra habitación para coger tus apuntes o tomar un café. Lo primero dice: "No tengo las cosas claras". Lo segundo dice: "No me importa tu tiempo". De nuevo, teníamos mucho más cuidado con estas cosas cuando nos reuníamos siempre cara a cara, pero la comunicación virtual ha hecho que muchos de nosotros seamos menos conscientes de nosotros mismos. Y, por desgracia, hay indicios de que estamos trasladando algunos de estos malos hábitos virtuales a las reuniones cara a cara.

Pocas cosas son menos profesionales que hacer esperar a todo el mundo.

Si aún no vive según el mantra "A tiempo es tarde", considere la posibilidad de adoptarlo para las reuniones virtuales. Robert Love, CTO de Q-CTRL, dice: "Mejor llegar diez minutos antes que un minuto tarde".[xix] ¿Por qué? Entre otras razones, la complejidad añadida de la tecnología aumenta enormemente la probabilidad de que algo salga mal: llegar un minuto antes puede suponer fácilmente llegar diez minutos tarde.

Utiliza ese tiempo extra para repasar esta lista de control. Si terminas antes, dedica ese tiempo a repasar tus notas.

- ¿Tengo mi café?

- ¿He ido al baño después de mis últimas cinco tazas de café?

- ¿Tengo suficiente ancho de banda y funciona mi equipo (véase el Capítulo 13)?

- ¿He silenciado mi teléfono? (Mejor aún, guárdalo.)

-

¿Tengo todo lo que necesito al alcance de la mano, incluidos mis apuntes y otros materiales?

- ¿He sacado de mi ordenador algún archivo que pueda necesitar?

- ¿Mi familia/compañeros de piso saben que estoy en una reunión?

- ¿Está mi perro/gato/loro malhablado (búscalo en Google) encerrado en la habitación de al lado?

- ¿Hay alguna otra distracción que deba apartar?

- ¿Habrá camiones de la basura o cortadoras de césped delante de mi ventana?

Mejor llegar diez minutos antes que un minuto tarde.

Por distracciones se entienden tanto las cosas que pueden distraer a los demás participantes
(lo veremos más adelante) y las cosas que te distraen. Ponga el teléfono en silencio (o mejor aún, guárdelo), cierre el navegador y elimine cualquier otra cosa que pueda desviar su atención de la reunión. Una buena pregunta es: "¿Tendría esto sobre la mesa en una reunión cara a cara?

Oportunidad virtual

Con un poco de práctica, las reuniones virtuales le permiten parecer incluso mejor preparado de lo que realmente está. Si tienes los archivos pertinentes fácilmente accesibles en tu ordenador y eres capaz de leerlos discretamente en la pantalla, parecerá que lo tienes todo memorizado. Advertencia: nunca utilices esta estrategia como sustituto de una preparación adecuada. Domina bien los puntos principales y ten a mano los secundarios.

Otro aspecto único de las reuniones virtuales es que llevan tu mesa a las reuniones, en lugar de que tú la dejes y te desplaces a otro lugar. Esto significa que el estado de tu mesa pasa a ser relevante.

"Escritorio desordenado, mente desordenada" y "Un escritorio desordenado es señal de genialidad" son dos eslóganes que compiten entre sí, y ambos pueden citar sus propias investigaciones.[xx] Pero la cuestión no es si un escritorio desordenado distrae, sino si estar distraído es bueno o malo. La distracción paraliza a algunas personas y fomenta la creatividad en otras. Sin embargo, las reuniones no son un buen lugar para distraerse. Como mínimo, tu mesa desordenada no debe estar a la vista de los demás.

Solución en 60 segundos

Si eres de los que tienen el escritorio desordenado, prueba a ver si un poco de organización te ayuda a concentrarte durante las reuniones. Tómate un minuto para apilar algunos papeles y apartar otras cosas de tu vista. Observa si así te resulta más fácil concentrarte.

PREPARACIÓN MENTAL

Ya lo he dicho varias veces, y lo seguiré repitiendo. Cuanto más dediques a las reuniones virtuales, más provecho sacarás de ellas. No te limites a preparar tu espacio, prepara tu mente.

Siempre que me invitan a una reunión, quiero saber de qué tratará. Con suerte, tendré un orden del día real. Y si el organizador se olvida de informarme, no tengo reparos en preguntar educadamente. Básicamente digo: "Cuanto más sepa de antemano, más preparado y útil podré estar". No hay nada mejor que llegar a una reunión totalmente preparado y al máximo de tus posibilidades. Y no hay nada peor que la sensación de que te pillen desprevenido.

No hay nada mejor que llegar a una reunión en plena forma.

Ésta es mi sugerencia. En cuanto sepas el propósito de la reunión, calcula el tiempo que necesitarás para prepararte mentalmente. Duplícalo y programa el "tiempo de preparación" con al menos un día de antelación para que puedas consultarlo con la almohada, pero no con tanta antelación como para que se te olviden las ideas.

Esto es importante: el objetivo de la preparación no es recopilar munición para tu bando, sino asegurarte de que estás preparado para entender y aportar. Estas son las cosas que debes tener en cuenta:

- ¿Necesita alguna aclaración previa por parte del facilitador?
- ¿Hay alguna información o recurso que deba reunir?
- Repasa los temas clave de la reunión y elabora algunas ideas iniciales (y vagas).
- Elabore varias preguntas que le ayuden a comprender los problemas y las distintas perspectivas sobre ellos.

El día de la reunión, tómate tu tiempo para repasar las notas. Después, justo antes de la reunión, prepárate mental y emocionalmente para estar plenamente presente.

_____

¿Te parece mucho trabajo sólo preparar una reunión? Si te hace sentir mejor, espero mucho más del moderador. Pero, obviamente, en algunas situaciones esto será excesivo, y a veces no se te avisará con suficiente antelación para prepararte adecuadamente. Pero he descubierto que incluso diez minutos de preparación mental quince minutos antes de una reunión mejorarán nuestra capacidad de contribuir y obtener beneficios. Y eso, a su vez, puede hacer que destaques entre la multitud, por las razones adecuadas. De eso hablaremos en el próximo capítulo.

Ser escuchado es el nuevo ser visto.

Capítulo 5:

Preséntese y destaque

Cuando los bloqueos de COVID afectaron a la mayor parte del mundo, los extrovertidos (como yo) se volvieron locos antes de que acabara la primera semana. Los introvertidos (como Aimée, miembro de mi equipo) intentaron no parecer demasiado felices ante las nuevas disposiciones. Una novedosa taza para introvertidos decía: "Me distancié socialmente antes de que fuera guay".

Sin embargo, con el tiempo, incluso los introvertidos empezaron a sentir el aislamiento. Entonces llegó la explosión de Zoom. Mientras muchos extrovertidos pensaban que era un triste sustituto de tomarse una cerveza con un amigo, muchos introvertidos encontraban las reuniones virtuales aún más agotadoras. Un artículo sobre el tema se subtitulaba: "Los expertos explican por qué las videollamadas son un infierno especial para los introvertidos".[xxi] La versión resumida: las conferencias web gastan mucha energía emocional (aunque esa energía puede recuperarse utilizando mis estrategias).

No es de extrañar que una respuesta común a la "revolución de la comunicación virtual", tanto por parte de los introvertidos como de los extrovertidos, haya sido evitar todas las reuniones que pudieran y participar mínimamente en las que no pudieran. Esta táctica plantea dos problemas. 1) Como dije en el capítulo 2, dedicar menos energía significa que la experiencia será aún menos satisfactoria y más agotadora. Y 2) la evasión y la falta de compromiso pueden perjudicar seriamente tu carrera profesional. Hay muy pocas personas tan solicitadas que puedan permitirse el lujo de no llamar *la* atención de sus supervisores o clientes potenciales.

Ser escuchado es el nuevo ser visto.

El objetivo de este capítulo es ayudarle a sacar el máximo partido de cualquier reunión virtual a la que asista, no sólo por lo que recibe, sino también por lo que *aporta* y su oportunidad de destacar de la mejor manera posible.

¿POR QUÉ ESTÁS AHÍ?

¿Por qué estás en la reunión? En serio, tómese un momento para responder a esta pregunta. Si tu respuesta es: "Porque tengo que hacerlo", probablemente estés perdiendo valiosas oportunidades de aprender, contribuir y destacar.

1. APRENDE

Siempre hay algo que se puede aprender. Siempre. Tal vez ahora estés poniendo los ojos en blanco y pensando: "No has estado en mis reuniones". Puede que no, pero yo he asistido a reuniones bastante malas (y he dirigido algunas bastante malas), pero siempre había algo que aprender, aunque fuera cómo *no* dirigir una reunión, y eso por sí solo puede ser una lección increíblemente valiosa. La cuestión es que si crees que no puedes aprender nada, no lo harás.

Si crees que no puedes aprender nada, no lo harás.

Para muchas reuniones, lo más obvio que hay que aprender es su contenido. Pero no piense que su mente es una pizarra en blanco esperando a ser rellenada. Es un campo que hay que preparar para obtener el máximo rendimiento. Como dije en el último capítulo, estudia el orden del día y el material que lo acompaña y realiza las tareas previas a la reunión. Eso es lo mínimo. A partir de ahí, estudia personalmente el tema y toma nota de cualquier pregunta. Llega con ganas y dispuesto a aprender.

En la propia reunión, aplica todas las lecciones del Capítulo 2 y mantente completamente concentrado. Ni móvil, ni correos electrónicos, ni multitarea. (Recuerda que la multitarea conduce a ser un rey a medias).

Aparte del contenido de una reunión, *siempre hay* muchas lecciones para el observador. Presta atención y hazte preguntas como:

- ¿Cómo vestían los demás participantes? ¿Cómo era su montaje? ¿Cómo afectó eso a mi percepción de ellos?

- ¿Cómo interactuaban? ¿Hablaban mucho o poco? ¿Qué puedo aprender de ello?

- ¿Qué hizo bien el presentador? ¿Qué podría mejorar?

Siempre hay muchas lecciones para los observadores.

2. CONTRIBUIR

A excepción de las reuniones centradas exclusivamente en los ponentes, su participación es una parte fundamental de la reunión. Contribuir e interactuar activa su modo social, lo que a su vez crea una experiencia más positiva y agradable.

Esto significa, en primer lugar, que su cámara debe estar encendida y que debe utilizar todos los trucos *no verbales* de su bolsa:

- Saludar y sonreír mucho transmitirá calidez y aceptación (incluso el presentador más experimentado lo apreciará).

- Asentir y negar con la cabeza demuestra que les sigues la corriente.

- Las miradas inquisitivas pueden ayudar al presentador a saber si no ha sido claro.

  Y nunca olvides el contacto visual, me refiero al contacto con la cámara.

En lo que respecta a la comunicación *verbal, los* buenos moderadores te harán saber si prefieren que utilices el chat o que hables en voz alta. Pero si no lo hacen, el buzón de chat siempre es lo más seguro, sobre todo en un grupo grande.

Algunos participantes pueden experimentar "miedo escénico" ante la idea de hablar en público. En el capítulo 10 trataré algunos aspectos básicos de la oratoria en relación con los moderadores. Pero mi sugerencia para los participantes es que recuerden que se trata de una conversación, no de un discurso. No hay nada que temer.

¿Te ha ayudado? Si no, aquí tienes un consejo de mi libro *Habla sin miedo:* "Céntrate en la diversión, no en el miedo"[xxii].

Lo que quiero decir es que el miedo y la alegría son emociones mutuamente excluyentes. Si te centras en cómo tu pregunta o comentario beneficiará a los demás, tu miedo disminuirá.

Tienes algo que añadir. No lo olvides. Tienes habilidades, experiencias y perspectivas específicas que beneficiarán al grupo. Si has hecho los deberes y has participado en la reunión, entonces tienes algo que beneficiará al grupo. Y, además, hacer una buena aportación te ayudará a participar y disfrutar aún más de la reunión.

Una buena aportación le ayudará a participar y disfrutar aún más de la reunión.

Por supuesto, algunos de ustedes no necesitan ningún estímulo para contribuir. De hecho, puede que tengas el problema contrario. No olvide que lo único peor que ser un alhelí es ser un fanfarrón. Hay que saber equilibrar la escucha atenta, las preguntas perspicaces y las aportaciones valiosas.

¿No sabes si hablas demasiado? Entonces es muy probable que sí. No te estoy juzgando, estoy en tu misma situación. He aquí un pequeño truco. Antes de la reunión, anota los nombres de todos los participantes (incluido el tuyo) en un bloc de notas y, a continuación, utiliza almohadillas para llevar discretamente la cuenta de la frecuencia con la que habla cada uno. Es el equivalente a contar calorías en una reunión virtual. Sólo con llevar la cuenta, serás más consciente de cuánto hablas. Otro consejo: siéntete cómodo con el silencio, no *siempre es* tu trabajo llenarlo. Los buenos moderadores utilizan el silencio como "truco" para atraer a los oradores reacios, así que podrías estar saboteándoles.

Lo único peor que ser un alhelí es ser un fanfarrón.

3. LEVANTARSE

Recuerde que ser escuchado es el nuevo ser visto. Con el teletrabajo y el trabajo a distancia cada vez más habituales, pierdes oportunidades de que te vean en la oficina las personas que pueden ayudarte a avanzar en tu carrera. O, si eres empresario, puedes estar perdiendo muchos clientes potenciales que normalmente conocerías a través de contactos informales. En cualquier caso, no puede permitirse perder las nuevas oportunidades que ofrece el zoom.

Destacar en una reunión virtual es una forma fundamental de que te recuerden y de ayudar a que tus "acciones" suban a los ojos de todos. He dirigido cientos de reuniones y siempre son las personas que hablan las que recuerdo (a veces por las razones equivocadas, pero hablaremos de eso en un momento).

Siempre se recuerda a la gente que habla claro.

He aquí siete principios que le permitirán destacar por las razones adecuadas:

Trate cada reunión como una mezcla de primera cita y entrevista de trabajo. Utiliza todo lo que aprendas en este libro. Preséntate puntual y preparado. Vístete para impresionar y prepárate para exponer tus ideas.

Sea proactivo, no reactivo. Una queja habitual de los responsables de contratación es que los miembros de su equipo no son proactivos. Esperan instrucciones en lugar de tomar la iniciativa. Eso significa que puedes destacar "fácilmente" por ser la excepción. Pero ser proactivo requiere ancho de banda y el ancho de banda viene de estar bien preparado: no puedes ver las oportunidades si toda tu atención se centra en hojear la agenda que has abierto en el último minuto.

Sea personal y cordial. La comunicación virtual, por el hecho de realizarse delante de un ordenador, es intrínsecamente despersonalizadora, por lo que debes ser intencionadamente más personal. Esta es una de las formas de "hablar a través de la puerta". Deja que tu personalidad brille a través de la pantalla del ordenador. No seas inalcanzablemente profesional, sino apropiadamente vulnerable y deja que se cuelen las imperfecciones.

Deje que su personalidad brille a través de la pantalla del ordenador.

Ser personal también significa tener un interés genuino por los demás participantes.

Haz preguntas. Recuerde los detalles importantes. Muestre empatía. Sea alentador. Podría reformular este principio (y muchos otros de este libro) diciendo "Tener una alta inteligencia emocional", que es el tema central de mi libro *Conectar a través de la inteligencia emocional*. La inteligencia emocional es posiblemente el rasgo más importante para el profesional de hoy, pero también es un área en la que *cualquiera* puede crecer.

Recuerde que está en el escenario. Trata cada momento de la reunión como si todo el mundo te estuviera observando, porque es así. Apagar la cámara no cambia eso; sólo significa que le has dado la *espalda* al "público". Pero esto no tiene por qué ser intimidante. Los demás también están en el escenario. Pero significa que lo ves todo a través de la lente de "¿Cómo percibirán esto los demás?".

Ya he hablado de cómo te vistes y en el capítulo 12 hablaré de la importancia del montaje (cámara, iluminación, telón de fondo, etc.). Además, asegúrate de filtrar tus *acciones* a través de cómo serán vistas por la "audiencia". Es algo así: Tenía un amigo que trabajaba en McDonald's en el instituto. Tenían un lavamanos dedicado en la trastienda que debían utilizar después de ir al baño. Esto significaba que, en aras de la percepción, tenía que lavarse las manos dos veces, primero en el baño y de nuevo en la trastienda.

Añade un poco de dinamismo. Profesional no significa *predecible*. ¿Qué le hace especial? ¿Qué te hace destacar entre la multitud? En mi caso, siempre llevo los calcetines locos que me compra mi hijo (calcetines de Big Foot, de superhéroe, de pizza...), incluso con traje y aunque el público no los vea. Sé que están ahí y eso marca la diferencia. ¿Cuenta chistes de padres? La gente puede reírse, pero lo recordarán. ¿Tiene acento? No lo oculte. ¿O hay algo único en tu historia que merezca la pena mencionar? Me encanta la reacción que tengo cuando digo que mi madre y mi padre eran traficantes de drogas que se enderezaron y empezaron una misión sin ánimo de lucro en México. Espera, ¿qué? Es verdad. O si tienes una habilidad o afición única, no la ocultes. Conozco a un consejero que ganó un premio nacional por criar perros.
Hay algo único en ti. No lo ocultes.

Hay algo único en ti. No lo ocultes.

Elija la calidad antes que la cantidad. ¿Qué crees que te hará destacar más: cincuenta comentarios mediocres o una observación perspicaz tan buena que la presentadora pregunte si puede utilizarla en el futuro? Nunca hables sólo para que te escuchen. Habla para decir algo. Hablando de eso...

Ten siempre una gran observación. ¿Qué hace que una observación sea memorable y llame la atención? La capacidad de concentrar muchas palabras en una sola idea. Una buena estrategia es ser el último en hablar. Si escuchas atentamente a los demás, puedes sintetizar varias ideas en un único punto claro y memorable.

ETIQUETA VIRTUAL

Por supuesto, nunca hay que ser recordado por las razones equivocadas, como la señora que no silenció su micrófono antes de dar una evaluación sincera (y colorida) del vicepresidente de su empresa. Ya no trabaja en la empresa.

En otras partes de este libro hablo de varios de estos elementos del protocolo de las reuniones virtuales, pero es útil tenerlos reunidos en un solo lugar:

- Pruebe su sistema con antelación y sepa cómo funciona todo (lo veremos en el Capítulo 13).
- No seas la persona a la que todos tienen que esperar.
- Cierre todos los archivos y aplicaciones que no necesite.
- No compartas tu pantalla sin comprobar dos veces lo anterior: podrías compartir accidentalmente la pantalla equivocada.
- Asegúrate de que tus mascotas están bien guardadas y de que todos en casa saben que estás en una reunión.
- No utilices filtros ni telones de fondo infantiles (mejor aún, crea un espacio profesional y prescinde del telón de fondo virtual, véase el capítulo 13). • Da por hecho que el micrófono y la cámara están encendidos (muchos momentos memorables han sido captados por una cámara o un micrófono que estaban "apagados").
- No muevas la cámara de un lado a otro y, sobre todo, no te des un paseo durante la reunión.
- Silencia el teléfono o (mejor) déjalo en la otra habitación.
- No mires el móvil mientras hablan los demás.
-

Trata a los demás con el mismo respeto que tú quisieras: "por favor" y "gracias" siguen siendo apropiados.

- No inicies ni perpetúes caminos de conejo.

- Sea conciso.

- No pongas los ojos en blanco ni digas palabrotas.

- Terminar verbalmente una pregunta o comentario ("Eso es todo, gracias" o "¿Alguien más?").

- No interrumpa a los demás: utilice el chat (véase más abajo).

NO INTERRUMPAS, INTERRUMPE

Algunas discusiones, por naturaleza, implican muchas idas y venidas. Por ejemplo, tener una norma estricta de "no interrumpir" en una reunión de brainstorming podría ahogar la creatividad. En esas situaciones, mi regla es "No interrumpas, interrumpe". Esto es lo que quiero decir. Yo jugué al fútbol en el instituto, y hay una gran diferencia entre pasar el balón a un compañero que puede acercarlo a la portería y robárselo a tu oponente.

Interrumpir es lo mismo que robar la pelota. La otra persona estaba llevando la discusión a un sitio y ahora tú la llevas a otro. Has demostrado que tu objetivo es distinto del suyo y lo has convertido en tu oponente. Intervenir es más parecido a pedir un pase. Tú y la otra persona estáis trabajando juntos por el mismo objetivo y crees que tienes un enfoque diferente que puede ayudar a todos a acercarse a la meta.

Dicho de otro modo, interrumpir cambia el tema y dice: "Me hago cargo", e intercalar dice: "Estoy contigo" y se basa en ello. Así que, si tienes una gran idea nueva en una discusión, anótala para más tarde. Pero si puedes aportar algo a lo que se está diciendo, y si el formato de la reunión lo permite, hazlo respetuosamente.

Interrumpir cambia el tema y dice: "Me hago cargo" e intercalar dice: "Estoy contigo" y lo amplía.

Por cierto, es un gran consejo para la comunicación en las relaciones.

ASUMIR RIESGOS

Somos criaturas sociales y tememos el ridículo y la exclusión casi más que el daño físico. Eso no es del todo malo. Nos ayuda a trabajar juntos y a "jugar limpio". Pero también nos impide hablar, incluso cuando tenemos algo que decir. Este efecto es aún más pronunciado cuando tu supervisor está presente. Un autor de Harvard Business Review contó que oyó a un empleado decirle a otro: "Si le cuento al director lo que dicen los clientes, mi carrera se irá al garete"[xxiii] ¿Perdón? Ese es exactamente el tipo de información que necesita la gestión. Pero el comportamiento humano típico está impulsado por la autopreservación: "En caso de duda, mantén la boca cerrada". Pero, para destacar, hay que asumir riesgos calculados.

Para destacar, hay que asumir riesgos.

Nadie ha destacado nunca por ir a lo seguro. Si quieres hacerte notar, si quieres cambiar la conversación, si quieres dar a conocer tus ideas, debes asumir riesgos. Y para asumir riesgos hay que aceptar el fracaso. Si eres una persona emprendedora y motivada, entonces ya te sientes cómodo con el fracaso y el riesgo; ahora aplícalo a las reuniones virtuales. Acepta hablar de vez en cuando fuera de lugar o meter la pata. Mientras sigas aprendiendo de tus errores, lo harás bien. Como dice John Maxwell: "A veces se gana, a veces se aprende". Ten el valor de arriesgarte, de hablar y de destacar.

———————————————

Hablando de valor, para dirigir cualquier cosa hace falta valor. El objetivo de la última sección era ayudarte a *sacar el* máximo partido de las reuniones virtuales a las que asistes. El objetivo de la siguiente es ayudarte a *dar el* máximo a las reuniones que dirijas. Para ello, tendrás que estar dispuesto a intervenir y hacer lo que otros no quieren o no pueden hacer. La diferencia entre una reunión mediocre y una gran reunión es el liderazgo. ¿Está preparado para dar un paso al frente?

TERCERA PARTE: LIDERAR

Tiene ocho segundos para captar la atención de su público.

Capítulo 6

Prepárese para triunfar

Hace poco asistí a una conferencia por Internet que empezó así:

"Muy bien, entonces. Um, de acuerdo. Vamos a ver, tengo esto puesto. Um. Muy bien, así que ... Veo que algunas personas están entrando ... Oh, dispara. Mi PowerPoint. Um, veamos. Si hago esto..."

Doloroso. Y una pérdida de tiempo para todos. La única razón por la que me quedé fue porque me habían pedido que evaluara la reunión.

La mayoría de los presentadores y facilitadores de Zoom no parecen darse cuenta de que encender la cámara es como subir al atril para dar un discurso. Te guste o no, ésa es la introducción de tu presentación. Al igual que con cualquier discurso, el reloj empieza a correr inmediatamente:

- Tiene ocho segundos para captar la atención de su público.

- Tienes treinta segundos para causar una primera impresión.

- Tienes dos minutos para crear interés.

Si no les has dado una razón para confiarte su atención en los primeros cinco minutos, empezarán a consultar su correo electrónico y a intentar hacer "trabajo de verdad".

Tiene ocho segundos para captar la atención de su público.

LA PREPARACIÓN HACE LA PERFECCIÓN

Me encanta prepararme. Puede que no siempre lo haga, pero siempre me siento mejor cuando lo hago. La preparación aumenta los márgenes de mi vida y disminuye el estrés. Al preparar todo aquello para lo que puedo prepararme, libero espacio mental para la tarea que tengo entre manos, y para las cosas que inevitablemente pueden salir mal.

La preparación aumenta sus márgenes y disminuye su estrés.

Cuando se trata de presentar o facilitar una reunión, la preparación es lo que marca la diferencia, y empieza antes de enviar las invitaciones. Siempre ha sido así, pero la comunicación virtual facilita que los asistentes se den de baja, por lo que es aún más importante mantenerlos en sintonía. Puedes quejarte todo lo que quieras y decir: "Se les está pagando por asistir, ¡no debería tener que entretenerles!". Pero eso no cambiará nada. Eres responsable de mantener a la gente interesada y seguir estos pasos te ayudará a conseguirlo.

La comunicación virtual facilita la salida de los asistentes, por lo que es aún más importante mantenerlos sintonizados.

1. DEFINIR UN OBJETIVO CLARO.

La pregunta más importante que debes responder es: "¿Por qué nos reunimos?". ¿Cuál es el propósito de dedicar una parte del tiempo de todos? ¿Cuáles son los parámetros del éxito? Sé que suena obvio, pero muchos facilitadores no *consiguen* lo que quieren porque no *saben* lo que quieren.

Los facilitadores no consiguen lo que quieren porque no saben lo que quieren.

2. DETERMINAR EL TIPO DE REUNIÓN.

Tu propósito determinará el tipo de reunión que vas a celebrar. Por ejemplo, si organizas una reunión informativa como si fuera una reunión de intercambio de ideas, no conseguirás transmitir la información necesaria con autoridad. Si lo hace bien, sus reuniones serán puntuales y obtendrá resultados. Si lo haces mal, serán una pérdida de tiempo. He identificado siete tipos básicos de reuniones:

- Información
- Motivación
- Persuasivo
- Colaboración
- Ejecutivo
- Debriefing y feedback
- Redes y conexiones

En el próximo capítulo, describiré cada una de ellas y sus retos -y oportunidades- únicos cuando se celebran virtualmente.

3. DECIDIR QUIÉN DEBE ASISTIR.

Dependiendo del tipo de reunión, puede que quieras limitarla a quienes puedan contribuir de forma significativa o ampliarla todo lo posible. Hablando en términos generales, cuanto más pretenda su reunión realizar una tarea o crear ideas, más cuidadosamente deberá elegir a sus participantes. Jeff Bezos, fundador de Amazon, era conocido por su "Regla de las dos pizzas": los equipos deben ser lo suficientemente pequeños como para alimentarse con dos pizzas. ¿Por qué? Menos gente significa decisiones más rápidas y menos pensamiento de grupo.

Menos gente significa decisiones más rápidas y menos pensamiento de grupo.

Sin embargo, si el objetivo de su reunión es motivar o informar, puede ampliar mucho más la red. Pero no te limites a invitar a gente a menos que haya una razón sólida para que estén allí. ¿Verán esta reunión como algo que fomenta sus objetivos o los obstaculiza?

Hace poco entrevisté a Carter Malloy, Consejero Delegado de AcreTrader, y me dijo que aplaude a los empleados que se "despiden" de reuniones que son irrelevantes para sus funciones y responsabilidades. Si no saben *por qué tienen* que estar allí, entonces no tienen por qué estar. ¿Cuánto tiempo y dinero ahorraría su empresa con este planteamiento?

4. CREAR LA AGENDA.

Como veremos más adelante, el orden del día es sin duda la herramienta más importante del moderador. El orden del día te permitirá mantener la reunión centrada y a todos centrados en la tarea. Debe estar impulsado por el objetivo nº 1 y adaptado al tipo de reunión que facilitas.

El orden del día es sin duda la herramienta más importante del facilitador.

Al mismo tiempo, no compliques la agenda más de lo necesario. Un orden del día para "conocer y saludar" podría ser:

Finalidad: Presentar a los nuevos miembros del equipo.

16:00: Bienvenida a todos y alarde de los miembros nuevos y existentes.

16.10 h: Preséntese todo el mundo y facilite una conversación trivial.

16:30 h: Cierre

Ni siquiera tiene que ser tan detallado. Los tiempos, por ejemplo, son sólo una herramienta para mantener a todo el mundo en el buen camino, especialmente si te gusta hablar como a mí. Pero un orden del día puede ser tan sencillo como una lista de temas a tratar.

¿Por qué crear la agenda antes de enviar las invitaciones? En primer lugar, para asegurarte de que lo cumples. Además, crear el orden del día le ayudará a afinar su propósito, evaluar su lista de invitados y calcular mejor la duración de la reunión. Y lo que es más importante, un orden del día escrito elimina el tipo de reunión más temido: la reunión "por reunirse". Por cierto, si al escribir el orden del día cancelas la reunión, todos saldremos ganando.

5. AJUSTE LA HORA Y LA FECHA.

No programes la reunión hasta que sepas quién tiene que estar allí. ¿Por qué? Porque así sabrás hasta qué punto te esforzarás por acomodar los horarios de las personas que compiten entre sí. Es mejor tener a una persona cuya opinión siempre es inestimable que a cinco que se pasarán todo el tiempo mirando el móvil.

Sea estratégico con la fecha y la hora. Los estudios han demostrado que, para la mayoría de las personas, los lunes y los martes son los días más productivos de la semana. No es de extrañar que la productividad disminuya a medida que se acerca el final de la semana. Del mismo modo, las personas tienden a estar más concentradas por las mañanas que por las tardes.

He aquí cómo utilizar esa información para fijar la hora y la fecha. Imagina que tendrás que pagar a cada uno de los participantes en función de cuándo se celebre la reunión. Los lunes y martes por la mañana son los más caros. Los almuerzos y los viernes por la tarde son los más baratos. ¿Su reunión requiere pagar por el tiempo extra? Algunas reuniones sí, especialmente las que fijan la agenda de la semana o requieren un alto nivel de concentración. Otras reuniones, como las de "conocer y saludar", no.

Por cierto, esto no es sólo un acto de imaginación. El tiempo no es dinero, sino tiempo *x* eficacia. Una reunión de baja prioridad durante el tiempo de mayor eficiencia de alguien le roba dinero a él o a la empresa.

Una reunión de baja prioridad en el momento de mayor eficiencia de una persona le roba dinero a ella o a la empresa.

6. PROGRAMAR LA REUNIÓN.

Por fin ha llegado el momento de apretar el gatillo. Cuando envíes las invitaciones, te animo no sólo a que adjuntes el orden del día, sino también a que incluyas una "declaración de intenciones" en el cuerpo del mensaje. Si eres lo más claro y específico posible, estarás preparando a todo el mundo para el éxito. No se limite a decir cuándo y *qué*, sino también *por qué* y *cómo prepararse*. Ejemplos:

> "Nuestro nuevo software de gestión de proyectos cambiará las reglas del juego... pero habrá un poco de curva de aprendizaje. El jueves tendremos una sesión de formación obligatoria para ponernos todos al día."

> "Es tu momento favorito del año: ¡la reunión presupuestaria! Por favor, envíame tu propuesta antes del próximo martes para que pueda distribuirlas con antelación."

> "Este viernes, estamos organizando una hora feliz virtual para dar la bienvenida a nuestros nuevos contratados. Coge tu bebida favorita y hazles saber cómo es realmente trabajar en Acme!".

No se limite a dar el cuándo y el qué, sino también el por qué y el cómo prepararse.

Dependiendo del tipo de reunión, puede que quieras incluir preguntas específicas que harás. Y piensa en el "material complementario" que puedes enviar, como un blog útil sobre brainstorming o una biografía del ponente invitado. Deja claro si se trata de material de lectura recomendada u obligatoria (y prepárate para exigir responsabilidades).

La invitación debe dar instrucciones claras sobre la plataforma que se va a utilizar, lo que hay que llevar y cómo participar en la reunión. Envía un enlace o diles cuándo lo harás. Y, por supuesto, asegúrate de que la reunión sea privada o esté protegida por contraseña para mantener alejados a los curiosos.

Una cosa más: deja claro que empezarás puntualmente y anímales a llegar un par de minutos antes por si hay "dificultades técnicas". Las dificultades técnicas son los atascos de tráfico de la comunicación virtual, por lo que siempre hay que contar con tiempo extra.

Las dificultades técnicas son los atascos de la comunicación virtual, por lo que siempre hay que prever tiempo extra para solventarlas.

¿QUÉ ESPERA?

¿Le parece que ya debería estar listo para reunirse?

No del todo.

Una vez definido el objetivo, determinado el tipo de reunión, decidido quién debe asistir, elaborado el orden del día, fijado la fecha y la hora, y programada la reunión, *ha llegado el* momento de redactar las expectativas de la reunión.

¿Por qué? Porque los participantes no pueden cumplir las expectativas que no les comunicas. Suena obvio, pero he visto cómo sucedía una y otra vez. Los facilitadores no fijan ni comunican las expectativas y luego se frustran con los participantes. Por ejemplo, tal vez esperaba que los participantes de mi reunión informativa interactuaran conmigo a través del chat, pero no lo hicieron porque no establecí esa expectativa.

Las expectativas no expresadas se convierten en expectativas insatisfechas que se transforman en frustraciones.

Solución en 60 segundos

¿Quiere que su equipo o los asistentes interactúen utilizando la función de chat? Establezca las expectativas desde el principio y empiece pidiendo alguna interacción sencilla. Por ejemplo, al principio de la reunión, puedes decir: "Quiero que todos participen a través del chat, así que vamos a practicar ahora mismo. Escribe dónde naciste". A continuación, comenta sus respuestas. ¿Te

resulta familiar? Seguro que has visto muchos webinars
profesionales que utilizan este truco.

Este es el punto clave: no puedes establecer las expectativas si no sabes
cuáles son. Ya conoce el objetivo de la reunión, pero ¿qué quiere de los
participantes para alcanzarlo? He aquí algunos ejemplos posibles:

- Estudie el orden del día con antelación.
- Acude a la reunión con cinco ideas o preguntas.
- Deja la cámara encendida y el micrófono apagado (¡o encendido!).
- No mirar su teléfono.
- Interrumpir con preguntas aclaratorias
- No interrumpir con preguntas, sino esperar a las preguntas y
- respuestas.
- Da tu opinión en el chat.
- Toma nota.
- Utilizar la comunicación no verbal (asentir con la cabeza, levantar
  el pulgar, etc.) Responder a sus preguntas.

¿Se ha dado cuenta de que muchas de las expectativas anteriores son
contradictorias? Simplemente no puedes esperar que todo el mundo sepa
intuitivamente lo que quieres. Ante esa incertidumbre, la mayoría de la
gente elegirá la opción más segura: no hacer nada. Expresar tus expectativas
proporciona seguridad a los participantes.

Comparta sus expectativas antes y al principio de la reunión. A continuación,
puede convertir esas expectativas *expresadas* en expectativas *factibles*.
Luego, con el tiempo, la aplicación coherente de las expectativas crea
cultura. A medida que avance la reunión, siga recordándoselas a los
participantes. Tienen que saber, por ejemplo, que usted quiere que hagan
preguntas. **Las expectativas aplicadas con coherencia crean cultura.**

Lo curioso es que probablemente ya entiendas este principio, pero no siempre lo trasladamos a las reuniones virtuales.

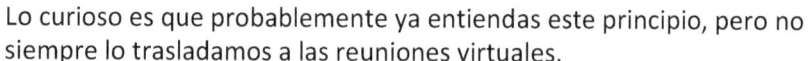

Como ya he dicho, gran parte de esta información se aplica tanto a las reuniones presenciales como a las virtuales. Si aplicas estos principios, tus reuniones mejorarán. Lo mismo ocurre en el capítulo siguiente, pero también voy a mostrarte cómo la comunicación virtual puede hacer que tus reuniones sean *mejores* que las presenciales.

Hay pocas cosas tan agradables y productivas como una reunión bien dirigida de grandes mentes.

Capítulo 7:

Conozca sus reuniones

Hace años, me contrataron como presidente de una organización sin ánimo de lucro que tenía una deuda de millones de dólares, una clientela menguante y otros muchos problemas. Las reuniones de la junta directiva solían durar más de cinco horas y no eran muy eficaces. La primera hora -o quizá dos- se dedicaba a "conectar", seguida de algún tipo de formación o debate. Para cuando llegaba el momento de tomar decisiones verdaderamente críticas, la capacidad de atención de todos los participantes ya estaba disminuyendo y cada vez se distraían más. La falta de energía emocional permitió que la Junta se dejara distraer fácilmente por pequeños incendios de los que podría haberse ocupado el personal.

He aquí el problema. Intentaban celebrar tres reuniones en una -relacional, informativa y ejecutiva- y no lo hacían bien. Lo solucioné imponiendo un límite estricto de tres horas. Después, me levantaba literalmente y decía: "Gracias por venir. Hasta el mes que viene". De repente, todo el mundo se tomaba en serio nuestro principal objetivo: tomar las decisiones de alto nivel que sólo el Consejo podía tomar.

Saber qué tipo de reunión está dirigiendo y estructurarla en consecuencia marcará la diferencia entre el éxito y el fracaso. Hazlo bien y la gente querrá asistir a tu reunión porque sabe que va a sacar algo de ella.

Saber qué tipo de reunión estás dirigiendo marcará la diferencia entre el éxito y el fracaso.

CUESTIONES PRELIMINARES

Diferentes expertos clasificarán los distintos tipos de reuniones de forma diferente y las fronteras entre ellos se difuminarán, por lo que mis siete no son la última palabra[xxiv] Su objetivo es proporcionarle un buen marco que se adapte a sus necesidades específicas. Empiece por plantearse las dos preguntas básicas siguientes:

1. ¿El propósito de esta reunión es a) compartir información o b) iniciar acciones?

2. ¿Debería esta reunión estar a) centrada en los participantes (interactiva y solicitando aportaciones) o b) centrada en los presentadores (no interactiva)?

Las aclararé en un minuto, pero no cometas el error de pensar que hay una respuesta "correcta": hay un momento y un lugar para cada tipo. Por ejemplo, la gente parece pensar que "lo interactivo es siempre lo mejor", pero cuando estoy escuchando una charla TED, lo último que quiero es que Brené Brown se vea interrumpida por alguien que habla de su conejito mascota.

Seguro que también se ha dado cuenta de que no se trata necesariamente de una u otra pregunta. Son más bien dos continuos que se cruzan:

Teniendo esto en cuenta, he aquí los siete tipos básicos de reuniones:

1. **Información**
2. **Motivación**
3. **Persuasivo**
4. **Colaboración**
5. **Ejecutivo**
6. **Debriefing y feedback**
7. **Redes y conexiones**

Y aquí es donde se sitúan *aproximadamente* en el gráfico:

A la izquierda están las reuniones centradas en el presentador. Eso no significa que la reunión se centre en el presentador. De hecho, las reuniones siempre giran en torno a los participantes, nunca al presentador. Es uno de los siete principios de mi libro *Hablar sin miedo*. Tu trabajo consiste siempre en servir a los oyentes/participantes. La cuestión es si el *contenido* procede del presentador o de los participantes. Dicho de otro modo, ¿serás más un *presentador* de contenidos o *un facilitador* de debates?

Así pues, tanto las reuniones **de motivación** como las **de persuasión** *se centran en el presentador,* impulsadas por el material que usted (como presentador) aporta. Pero las reuniones **persuasivas** intentan influir en la acción, es decir, que los participantes compren o se convenzan de algo. En cambio, las reuniones **motivadoras intentan que los** participantes piensen o sientan algo.

Las reuniones informa**tivas**, como veremos, *pueden estar* centradas en el presentador (una charla TED), en el participante (una mesa redonda) o en algún punto intermedio (como un taller interactivo).

El resto de las reuniones *se centran* decididamente *en los participantes*. Tu trabajo en ellas es facilitar el debate, es decir, *ayudarles* a compartir *sus* contenidos. Por cierto, eso no significa que estas reuniones sean más fáciles: yo trabajo más en las reuniones centradas en los participantes.

Las reuniones colaborativas (como la tormenta de ideas) se centran más en crear y compartir ideas, mientras que las reuniones **ejecutivas** (definidas aquí en el sentido de "llevar a cabo un plan" en contraposición a "personas con autoridad") se centran en tomar decisiones y crear un plan de acción. El **informe y la retroalimentación** son únicos en el sentido de que empiezan evaluando (información) y terminan tomando decisiones sobre la próxima vez (acción). Por último, la **creación de redes y conexiones es** la más alejada de la acción: en estas reuniones no se *hace nada* (pero son cruciales para la acción futura).

Solución en 60 segundos

Una forma sencilla de comunicar si tu reunión estará centrada en el presentador o en el participante es utilizar intencionadamente la vista de orador para la primera y la vista de galería para la segunda. En realidad, es más bien una solución de un segundo (pulsar un botón), pero marcará profundamente la pauta. Antes de empezar la reunión, decide cuál vas a utilizar y por qué.

Centrémonos ahora en cada tipo de reunión y, sobre todo, en cómo les afecta la comunicación virtual.

1. INFORMACIÓN

El propósito de esta reunión es informar, formar o enseñar, pero puede estar centrada en el presentador o en el participante (o en algún punto intermedio). Empiece por decidir cuál será la suya. Otra forma de decir esto es que la participación puede darse en forma de *aportación* o *interacción*. Es importante entender la diferencia:

Las aportaciones significan que los asistentes contribuyen al contenido. Es un arma de doble filo. Los participantes pueden tener una gran perspectiva y aportar mucho a una reunión informativa. Pero los que menos tienen que decir suelen ser los más inclinados a hablar. Si vas a solicitar opiniones, por ejemplo, preguntando: "¿Alguien tiene alguna idea?", asegúrate de tener un plan para mantenerlas bajo control y el valor para hacerlo. Todos hemos asistido a reuniones secuestradas por alguien a quien le gusta oír hablar. Mantener el control es aún más importante en las reuniones virtuales, porque es más fácil que el resto de los participantes se vayan durante la charla para no volver jamás.

Interacción significa crear preguntas y ejercicios que ayuden a los participantes a interiorizar y contextualizar tus contenidos. Si recuerdas a algunos de tus instructores favoritos, probablemente hicieron un buen uso de la interacción. Esto es lo que yo hago en la mayoría de mis talleres, como "10 habilidades de oratoria en 60 minutos". Interactúo con los participantes para crear una oportunidad de aprendizaje más amena y ayudarles a aplicar el material, pero no busco opiniones. No permito que un participante secuestre la reunión con sus teorías sobre la comunicación. Y el resto de participantes me agradece mucho que mantenga la reunión bajo control y productiva.

Controle las reuniones para que sean productivas y agradables para la mayoría.

Cuando planifique la reunión informativa, decida cuánta información e interacción desea. He aquí tres reglas generales:

Utilizar la interacción para información complicada o ideas que necesiten contextualizarse para situaciones individuales. Prepare preguntas para el debate y ejercicios interactivos. No sólo ayudan a los participantes a aprender, sino que son la mejor manera de medir su comprensión real. ¿Por qué? Porque la mayoría de la gente dirá que entiende, aunque en realidad no sea así. Las preguntas revelan la verdad.

Solicite opiniones si los participantes tienen conocimientos sobre el tema. He facilitado reuniones en las que los asistentes sabían más que yo y yo aprendí más que ellos. No hay nada malo en ello, a menos que seas demasiado orgulloso o tonto para preguntar y escuchar.

Si el tema es sencillo, limite la interacción a un tiempo determinado de preguntas y respuestas. En estos casos, digo: "Hoy voy a hablarte de X. Al final, tendremos un turno opcional de preguntas y respuestas, así que escribe tus preguntas en el chat mientras avanzamos". (Nota: establezco mis expectativas al principio.) Las personas que entienden rápidamente la información me *adoran* por ahorrarles la tortura de las preguntas obvias.

Otro punto importante: estas reuniones no tienen una duración mínima, pero deberían tener una máxima. Si todo el mundo "lo entiende", dé por terminada la reunión: se lo prometo, ¡nadie se quejará!

> Si todo el mundo "lo entiende", dé por terminada la reunión: se lo prometo, ¡nadie se quejará!

RETOS Y OPORTUNIDADES VIRTUALES

El reto de las reuniones informativas virtuales es que la participación - especialmente la formulación de preguntas- no es tan natural o fluida. Tendrás que ser aún más intencionado y establecer las expectativas ("Utiliza el chat", "Participa", etc.) y hacer que rindan cuentas. Mi herramienta favorita es la *pausa incómoda*. Utiliza su incomodidad con el silencio "en su contra" haciéndoles saber que esperarás el tiempo que haga falta.

La primera ventaja virtual es lo mucho más profesional y eficaz que puede resultar tu material con el uso de un software de presentación. En segundo lugar, puedes grabar fácilmente tu presentación y ponerla más tarde a disposición de un público más amplio.

Nota importante: no soy abogado y no puedo ofrecer asesoramiento jurídico, pero es importante saber que las leyes relativas a la grabación de reuniones varían de un estado a otro, al igual que las leyes sobre el uso posterior de esas grabaciones. Tú eres responsable de conocer y cumplir estas leyes.

Dejando a un lado los aspectos legales, es simplemente de buena educación informar claramente a los participantes de que vas a grabarlos (algo que Zoom hace ahora automáticamente) y hacerles saber también que vas a utilizar la grabación en el futuro. Y asegúrate también de obtener el permiso de la organización.

2. MOTIVACIONAL:

El objetivo, obviamente, es motivar e inspirar a los asistentes para que piensen y sientan de forma diferente. Piensa en ellas como si fueran las concentraciones de ánimo de las reuniones. Se trata de entusiasmar a la gente con algo y reunirla en torno a un objetivo. Puede tratarse de un objetivo personal (tener más confianza en uno mismo) o empresarial (vender el nuevo producto).

Como ya he dicho, las reuniones de motivación se centran en el presentador. No tienen mucha interacción genuina. Pero, ¿no hay muchos gritos y vítores en los mítines? Sí, pero eso no es lo mismo que solicitar opiniones. Si Tony Robbins grita a un auditorio lleno: "¿Qué necesitas para dar el siguiente paso?", lo que busca son vítores, no sugerencias.

RETOS Y OPORTUNIDADES VIRTUALES

El reto de las reuniones de motivación virtuales es que resulta más difícil transmitir tu energía a distancia. Más difícil, pero no imposible. Debes ser muy intencionado a la hora de hablar a través de la puerta (véase el capítulo 2).

La ventaja virtual es que es mucho más fácil y barato atraer a un mayor número de personas. Si tuvieras una plataforma lo bastante grande, podrías dar una charla motivacional esta tarde en Facebook a millones de personas, gratis.

Además, puedes utilizar herramientas de presentación para hacer una reunión increíblemente atractiva. ¿Música inspiradora de fondo? ¿Testimonios en vídeo? No hay problema.

3. PERSUASIVO:

Las reuniones persuasivas son como las reuniones motivacionales, pero con la importante diferencia de que usted quiere que los participantes hagan algo concreto. Una presentación de ventas es una reunión persuasiva: quieres que tu audiencia compre tu paquete de coaching, por ejemplo. También lo es presentar tus ideas al Director General. También lo es crear la aceptación de tu equipo. También lo es una entrevista de trabajo. En todos estos casos, el objetivo es conseguir que el público participe en acciones concretas.

Una presentación de ventas es una reunión persuasiva.

Al igual que la reunión motivacional, se centra en el presentador. No se solicita la opinión de los participantes, salvo para promover el propósito de persuadirles. Eso no significa que no escuches atentamente sus respuestas. Te proporcionarán información muy valiosa para mejorar tu presentación, o incluso tu "producto".

RETOS Y OPORTUNIDADES VIRTUALES

Las reuniones persuasivas virtuales son únicas en el sentido de que llevamos mucho tiempo haciéndolas: una llamada de ventas es una reunión persuasiva virtual. El reto consiste en implicar al máximo a los participantes y emplear más energía de la que se emplearía en persona. Si no eres un vendedor nato, tendrás que practicar para superar tu timidez.

Además de la posibilidad de llegar a más gente con mayor facilidad, la ventaja virtual es que la tecnología permite realizar una llamada a la acción (CTA) sin interrupciones. Puede pedir a los participantes que pulsen un botón, se inscriban en su lista de correo electrónico o concierten una cita sin salir de la página.

4. COLABORATIVO:

Una reunión de colaboración consiste en utilizar una variedad de perspectivas, conocimientos y opiniones para obtener mejores ideas. Hay pocas reuniones tan agradables y productivas como una reunión bien dirigida de grandes mentes. Como suele decirse: "Nadie es tan inteligente como todos nosotros".

Hay pocas cosas tan agradables y productivas como una reunión bien dirigida de grandes mentes.

Las sesiones de brainstorming son la forma más familiar de reunión colaborativa. Éstas, por naturaleza, son muy abiertas y fomentan la mayor creatividad cuando se ignora por completo el sentido práctico y hay mucho tiempo para ideas locas. Las reuniones de **resolución de problemas** también son colaborativas, pero están más centradas y se interesan mucho por las limitaciones prácticas. La resolución de **conflictos** también es un tipo de reunión colaborativa.

Hay mucha información útil sobre cómo dirigir estas reuniones, pero es importante saber que requieren más, no menos, preparación y orientación activa. Negociar opiniones contradictorias, animar a los participantes menos ruidosos a hablar y permitir que el debate fluya orgánicamente sin desviarse del tema es todo un arte. Un orden del día bien redactado y enviado con antelación preparará el terreno para un gran debate.

RETOS Y OPORTUNIDADES VIRTUALES

El reto de las reuniones virtuales de colaboración es la menor interacción entre los participantes. Pero, con la práctica, los participantes pueden adquirir un nuevo ritmo. Asegúrate también de fomentar el uso de la función de chat para que las ideas fluyan incluso cuando los demás están hablando.

La ventaja virtual procede de programas informáticos -como Microsoft Teams- que permiten a los participantes compartir fácilmente archivos, hacer garabatos en pizarras virtuales y acceder rápidamente a la información.

5. EJECUTIVO:

Como he dicho antes, utilizo "ejecutiva" en el sentido adjetival de "relativa a la ejecución de planes o funciones", en contraposición al sustantivo "personas que tienen autoridad". Al igual que las reuniones de colaboración, las reuniones ejecutivas están muy orientadas a los participantes, pero en última instancia se trata de tomar decisiones y hacer las cosas.

Nota al margen: ¿Te das cuenta de lo importante que es aclarar el tipo de reunión? Si crees que estás en una reunión ejecutiva cuando en realidad es colaborativa, te sentirás muy frustrado por toda la "charla inútil". Al revés, te sentirás apurado e invalidado.

Cualquier proyecto o empresa en el que participen varias personas requerirá mantenerlas en la misma página (lo que hace que las reuniones ejecutivas sean estupendas para "romper silos"). Habrá que compartir cierta información, como las actualizaciones de cada miembro del equipo, para luego centrarse en solucionar los problemas y planificar los siguientes pasos.

Si está bien ejecutada (valga el juego de palabras), una buena reunión ejecutiva puede ser estimulante: una sala real o virtual llena de personas motivadas, dedicadas y brillantes puede lograr más en quince minutos que la mayoría de la gente en una semana. Pero, como suelen ser continuas (por ejemplo, una reunión semanal de "informes directos"), también son las más propensas a "reunirse por reunirse". Como facilitador, tu trabajo consiste en fomentar la eficacia. Tenga un orden del día, fije límites de tiempo y recompense a su equipo con elogios si se queda corto.

Recompensa lo que quieras que se repita.
RETOS Y OPORTUNIDADES VIRTUALES

Los retos de las reuniones virtuales de ejecutivos son encontrar un buen ritmo para hablar y escuchar y la dificultad de leer la comunicación no verbal. Como estas reuniones pueden ser más "prácticas", es importante que todos mantengan la cámara encendida y sean muy conscientes de cómo se les percibe. Estas reuniones requieren unas normas bien establecidas para mantener el ritmo de los debates y las decisiones, así como un moderador comprometido que mantenga el rumbo y se asegure de que se escuchan las voces perspicaces pero de voz suave. Considera la posibilidad de utilizar la vista de orador cuando cada participante ofrezca su actualización y, a continuación, cambiar a la galería para el debate. Y fomente el uso del chat.

La ventaja virtual es que resulta mucho más fácil implicar a todos los actores clave, aunque estén al otro lado del mundo. Si alguien tuviera que conducir treinta minutos para asistir a una reunión, se sentiría obligado a reunirse durante al menos ese tiempo. Las reuniones virtuales permiten prescindir de las conversaciones triviales, repasar rápidamente el orden del día y cerrar la sesión en cinco minutos, si eso es todo lo que se necesita.

6. DEBRIEFING:

Soy un gran partidario de las reuniones informativas. Aquí se aplica aquello de que "quien olvida el pasado está condenado a repetirlo". Siempre que doy un gran discurso o organizo un acto, me tomo tiempo para celebrar lo que funcionó y examinar lo que no. Lo mejor es hacerlo en una reunión separada con un puñado de personas perspicaces, pero incluso una reunión informativa en solitario es mejor que ninguna.

Quienes olvidan el pasado están condenados a repetirlo.

Como ya he dicho, estas reuniones son únicas en el sentido de que tratan tanto de la información (las observaciones recogidas) como de la acción (qué hacer diferente la próxima vez).

RETOS Y OPORTUNIDADES VIRTUALES

El reto de las reuniones informativas virtuales es conseguir que la gente participe plenamente. Al igual que en las reuniones colaborativas, es fácil que una o dos personas sean las que más hablen y el resto se desentienda. Comunique sus expectativas e involucre estratégicamente a los participantes más callados (por ejemplo, diciéndoles: "Me encantaría escuchar a alguien que todavía no haya hablado"). Asimismo, fije sus expectativas antes del evento: infórmeles de la reunión de evaluación (a mí me gusta planificar la mía el día después) y pídales que estén preparados para comentar dos cosas que funcionaron y dos que no.

La ventaja virtual es que puedes grabar fácilmente tus conclusiones en tiempo real, utilizando un programa de gestión de proyectos o incluso un simple documento de Word. Y también puedes grabar la propia reunión para que, un año después, no estés intentando recordar qué significaba la nota "Más cencerro". Además, es mucho más fácil coordinar reuniones informativas virtuales.

7. REDES Y CONEXIONES:

Tanto si eres extrovertido como introvertido, sabes lo importantes que son los contactos y las conexiones personales en el mundo de los negocios. Por eso la gente bromea: "Con alcohol se hace el trabajo". No es la cerveza; son las relaciones que se crean. Con los cierres de COVID, las reuniones y los saludos tuvieron que pasar a ser virtuales y a muchos les ha costado adaptarse, pero la conexión no es menos importante. Además del networking, esta categoría también incluye las reuniones de creación de equipos o cualquier otra reunión en la que el objetivo principal sea conocerse unos a otros (si estás interesado en celebrar más reuniones de conexión de equipos, plantéate echar un vistazo a Kahoot, que se integra fácilmente en Zoom).

El reto de las reuniones virtuales es que resultan menos personales. Aquí es donde resulta crucial pasar del modo individual al social. No digo que una happy hour virtual sea tan divertida como una real, pero eso no es excusa para no hacer el esfuerzo extra de involucrar a los demás.

Una vez más, es vital contar con un facilitador capaz. Hay que tener una buena lista de preguntas que permita a los participantes compartir sus personalidades, habilidades y experiencias sin sentirse como si estuvieran presumiendo. He aquí algunas sugerencias:

- ¿Qué es lo que a los demás les parece más interesante de usted?

- Describa un gran día en la oficina, uno que le deje "bien cansado".

- ¿Prefieres que tu trabajo sea bueno y llegue a tiempo o perfecto y tarde?

- ¿Qué recursos o conocimientos necesita ahora mismo?

La ventaja virtual es que puedes centrarte en hablar. Con demasiada frecuencia, las reuniones de conexión se convierten en algo más que conectar. En un puesto ejecutivo anterior, una vez llevé a mi personal a hacer paracaidismo en interiores como actividad de creación de equipo, pero el paracaidismo se convirtió en el único objetivo. ¿Fue divertido? Claro, y tengo las fotos que lo demuestran, pero no cumplió mi propósito.

―――――――――――

Afortunadamente, cada vez está más claro que, con la preparación adecuada, las reuniones virtuales pueden ser increíblemente eficaces. También debería darse cuenta de que ser un facilitador de primera categoría aumentará su éxito personal e incrementará su valor para su organización. Pero todo ese trabajo será en vano si te atragantas en la propia reunión. En los próximos dos capítulos, te daré algunos consejos increíblemente prácticos sobre cómo arrasar (en el buen sentido) después de conectarte.

Las reuniones inútiles son un fracaso del liderazgo.

Capítulo 8:
Empieza fuerte

¿Ha utilizado alguna vez palabras como éstas para describir una reunión virtual? ¿Aburrida, inútil, incómoda, frustrante, un desastre, una completa pérdida de tiempo, un infierno? Tómese un momento para analizar qué le hizo sentirse así (todo es una oportunidad de aprendizaje, ¿verdad?). Quizá fue que...

- Se permitió a un participante dominar la conversación.
- Por el contrario, nadie quería hablar.
- La reunión se prolongó durante una hora sin sentido.
- La reunión cumplió su propósito, y *luego* serpenteó sin sentido durante una hora.
- Un presentador tenía poco que decir pero se pasó noventa minutos diciéndolo.
- El encuentro se convirtió en una conversación entre dos personas.
- El encuentro que se convirtió en una *discusión* entre dos personas.

La gente llegaba tarde y se hacía un lío con el equipo, y cada retraso te costaba una entrada que necesitabas.

- Hubo treinta minutos de charla antes de entrar de lleno en el orden del día.

¿Qué tienen en común todas estas situaciones? Un fallo de liderazgo. Los grandes líderes (y los facilitadores *son* líderes) garantizarían la igualdad de oportunidades y un objetivo claro. Establecerían expectativas y las harían cumplir. Mantendrían a todo el mundo en el buen camino, aunque les resultara incómodo.

Las reuniones inútiles son un fracaso del liderazgo.

Esta es otra de mis ideas: los grandes líderes vienen a servir. Como consultor y coach, puedo seleccionar mis compromisos y oportunidades de coaching basándome en *mis* objetivos, pero una vez que aparezco, todo mi enfoque se desplaza hacia *sus* objetivos. Me quito de en medio y les sirvo. Dicho de otro modo, no se trata de mí.

Esa es la actitud que quiero que tengas: Facilitar una reunión no tiene que ver contigo, sino con los participantes. No me importa si es una reunión motivacional, informativa, persuasiva, colaborativa o ejecutiva: si no estás allí para servirles, les estás utilizando y manipulando. Y ellos lo sabrán.

Facilitar una reunión no tiene que ver contigo, sino con los participantes.

La buena noticia es que "no se trata de mí" puede hacer que liderar sea menos intimidante. Por ejemplo, es más fácil llamar la atención si sabes que todo el mundo está encantado de que lo hayas hecho.

Veamos qué significa un liderazgo fuerte para las reuniones.

PRE-REUNIÓN

Siempre que hablo en un acto presencial, llego con tiempo suficiente para prepararme, asegurarme de que todo está en su sitio y tener tiempo para mezclarme con los participantes. Es una de mis siete estrategias para hablar sin miedo. Al conocer a algunos de ellos, siento que los conozco a todos, y da mucho menos miedo hablar con amigos que con desconocidos. Lo hago incluso si ya conozco al público. Charlar con ellos me ayuda a leer la sala. Si, por ejemplo, me entero de que a un empleado muy querido le acaban de diagnosticar un cáncer, cortaré mi chiste inicial. Dicho de otro modo, llego antes para poder atenderles mejor.

Da menos miedo hablar con amigos que con desconocidos.

Ese principio sigue siendo válido con las reuniones virtuales, pero la práctica es un poco diferente. Si hablo ante un grupo que es nuevo para mí, utilizo algunas de las muchas herramientas de que dispongo (por ejemplo, Facebook o LinkedIn) para conocer a algunos de ellos. Luego siempre llego cinco minutos antes y charlo con los que llegan antes. Aclaro que son cinco minutos *más del* tiempo que necesito para asegurarme de que todo está preparado. Dependiendo del evento y de mi función, puede que me reúna con el organizador media hora antes. Haremos una prueba de sonido, nos aseguraremos de que todas mis diapositivas y recursos funcionan y haremos un ensayo rápido. Si me ocupo de todo eso con antelación, dispongo de más tiempo para interactuar.

Ahora, si acudo a una reunión como presentador externo, dejaré la cámara apagada antes de la reunión y mostraré mi "retrato" de orador -esto transmite profesionalidad y permite que el maestro de ceremonias me presente-, pero seguiré "mezclándome" a través del chat. Preguntaré a los participantes de dónde son, cuál es su trabajo, etc. Sin embargo, si actúo como moderador con un grupo que ya conozco, tendré la cámara encendida mientras "me relaciono". Así espero que todos los participantes tengan la cámara encendida.

SERVIR Y HACER CUMPLIR

En el capítulo 5, nos centramos en tener un propósito claro, enviar el orden del día con antelación y conocer las expectativas. Ahora es el momento de hacer cumplir ese orden del día y esas expectativas.

Este es el principio más importante: empezar a tiempo y empezar con buen pie. Como he dicho antes, tienes menos de cinco minutos para convencer a los participantes de que te presten toda su atención: no los desaproveches.

Dispone de menos de cinco minutos para convencer a los participantes de que le presten toda su atención.

Además, empezar a tiempo crea expectativas para futuras reuniones. No cometas el error de empezar tarde para complacer a los que llegan tarde. Hay gente que siempre llega tarde, así que si saben que empiezas cinco minutos tarde, llegarán diez minutos tarde. Sin embargo, dependiendo de la cultura de la empresa, puedes ser un poco más flexible a la hora de definir "puntual". Un equipo con el que trabajé decidió empezar exactamente dos minutos más tarde para dar un pequeño periodo de gracia en caso de dificultades técnicas (yo no haría más de cinco, y eso es pasarse). Con ese equipo, también podía enviar un mensaje de texto a quien faltara durante ese tiempo. Pero no dejamos que ese periodo de gracia aumentara: se mantuvo en dos minutos semana tras semana.

Nota importante: por supuesto, hay excepciones. Igual que las bodas siempre empiezan un poco tarde, algunos acontecimientos puntuales son lo suficientemente importantes como para retrasarlos. Y a veces hay actores clave a los que hay que esperar, sobre todo en reuniones persuasivas (de ventas).

Dejando a un lado las excepciones, empieza la reunión puntualmente, dando la bienvenida a todos y recordándoles el propósito de la reunión. Resiste la tentación de utilizar el relleno para ganar tiempo para los que llegan tarde. Cada minuto de retraso le cuesta la atención de los participantes puntuales.

Cada minuto que retrase a los rezagados le costará la atención de los participantes puntuales.

He aquí una estrategia mejor: comience la reunión a la hora prevista y, cuando parezca que han llegado todos los que se han retrasado, salúdelos en grupo (en lugar de individualmente, lo que hace perder tiempo e interrumpe la fluidez) y resuma rápidamente cualquier información clave que necesiten para el resto de la reunión. También puedes indicarles que vean el vídeo más tarde.

Así que, tras empezar puntualmente y exponer el propósito de la reunión, comparta sus expectativas (capítulo 5). Podría sonar así:

"¡Buenas tardes a todos! Me alegro de tenerles aquí. Como sabéis, empezamos a la hora prevista y estamos listos para crear. Veo que aún se nos han unido algunas personas, pero las pondré al día más tarde.

Confío en que todos hayáis tenido tiempo de repasar el orden del día, pero si no lo tenéis a mano, lo veréis publicado también en el chat.

El propósito de esta reunión es ____. Me gustaría que todos mantuvieran sus cámaras encendidas, pero por favor silencien sus micrófonos cuando no estén hablando.

Voy a empezar hablando brevemente de ____, y luego comenzaremos nuestro debate. Si tienen alguna pregunta durante mi introducción, por favor, utilicen el chat para que pueda responderlas al final. De hecho, ¿por qué no practicamos el uso del chat ahora mismo? Si tienen alguna pregunta sobre el plan de juego, escríbanla en el chat ahora mismo. Si no la tienen, escriban "Sin preguntas" para que yo sepa que todos están familiarizados con la herramienta.

Te daré un minuto... Vale, genial. Sigo esperando a un par de vosotros... Jim, ¿ves dónde está la herramienta de chat? Genial, ya estáis todos. Esto es lo que necesitas saber (inserta aquí la frase oficial de apertura de tu presentación, como 'hemos subido un 32% respecto al último trimestre')". Fíjate en lo que ha pasado aquí:

"¡Buenas tardes a todos! Me alegro de tenerles aquí. Empezamos a tiempo y estamos listos para crear".

Un saludo breve y cordial, seguido de un refuerzo de una línea sobre la cultura de tu empresa, en este caso la puntualidad y la creatividad, pero deberías cambiarlo por algo que haga hincapié en tu cultura, especialmente en lo relacionado con la reunión.

"Veo que todavía hay gente que se incorpora tarde, pero les pondré al día más tarde". Estás tranquilizando a todo el mundo al reconocer el "problema de los que llegan tarde". Lo que quiero decir es que, si has dejado claro que esperas que todos lleguen a tiempo, la gente se preguntará cómo responderás a los que no lo hagan. Este tipo de respuesta no ignora su tardanza, sino que comunica: "Lo tengo todo bajo control". Y eso es lo que los participantes quieren saber.

Los participantes quieren saber que lo tienes todo bajo control.

"Confío en que todos hayáis tenido tiempo de repasar el orden del día, pero si no lo tenéis a mano, lo veréis publicado también en el chat".

Una vez más, estás expresando tus expectativas (leer el orden del día antes de la reunión), pero también te ocupas proactivamente de quien haya olvidado las suyas.

"Así que, el propósito de esta reunión es _____. Me gustaría que todos mantuvieran sus cámaras encendidas, pero por favor silencien sus micrófonos cuando no estén hablando."

Recuérdales el objetivo de la reunión y explícales tus expectativas.

"Voy a empezar hablando brevemente de _____, y luego comenzaremos nuestro debate. Si tienen alguna pregunta durante mi apertura, por favor usen el chat para que pueda responderlas al final."

Ahora les estás diciendo lo que pueden esperar y les das instrucciones claras. A estas alturas, ya estarán pensando: "¡Este facilitador sabe lo que hace! Quizá esta reunión no sea un desperdicio".

"De hecho, ¿por qué no practicamos el uso del chat ahora mismo? Si tenéis alguna pregunta sobre el plan de juego, escribidla en el chat ahora mismo. Si no, escribid 'Sin preguntas' para que sepa que todo el mundo está familiarizado con la herramienta".

No sólo te aseguras de que sepan cómo chatear, sino que les estás inculcando el hábito desde el principio.

"Te daré un minuto... Vale, genial. Sigo esperando a un par de vosotros... Jim, ¿ves dónde está la herramienta de chat? Genial, ya estáis todos".

Esto demuestra que vas en serio, pero con calma y confianza. Por cierto, la comunicación virtual no es como la radio FM: el aire muerto no es tu enemigo. Es una herramienta. Nada demuestra más confianza que tomar un café mientras esperas pacientemente a que te respondan.

No hay nada que demuestre más confianza que tomarse un café mientras se espera pacientemente a que la gente responda.

Esto es lo que necesita saber (inserte la frase de apertura

oficial)". Sin cháchara, sin relleno, directo al material.

Si estableces el tono desde el principio, será exponencialmente más fácil mantenerlo a medida que avance la reunión. Pero si no tomas el control al principio, será exponencialmente más difícil recuperarlo.

Quizá estés pensando: "¿Tomar el control? Quiero que esto sea más, no sé, democrático". Democracia y anarquía no son lo mismo. Queremos que la gente dirija y haga cumplir las normas, para proteger a los débiles de los fuertes. De nuevo, estás sirviendo a los participantes y respetando su tiempo al proporcionarles dirección.

Su temperamento influirá en la forma en que dirija a los demás - he conocido a ancianas dulces que pueden mantener el orden mejor que un sargento instructor -, pero aun así tendrá que ser valiente y poner en práctica sus dotes de liderazgo.

Así que hay que empezar fuerte y continuar fuerte. Sigue el orden del día con suavidad pero con firmeza, manteniendo la reunión centrada en la tarea.

Eso no quiere decir que nunca se salga del guión. Un buen líder sabrá cuándo ajustarse y adaptarse. A veces, un comentario fortuito arroja luz sobre un asunto importante que debe abordarse. Pero hay una diferencia entre salirse del guión y dejar que una reunión sea secuestrada. La diferencia es (lo has adivinado) el liderazgo.

Hay una diferencia entre salirse del guión y permitir que se secuestre una reunión.

UN PROBLEMA MULTIMILLONARIO

Un artículo informaba de que las reuniones excesivas e ineficaces cuestan un total combinado de 37.000.000.000 de dólares.[xxv] Eso es mucho dinero, por eso es importante que entiendas que las reuniones innecesarias y mal gestionadas están costando dinero real a tus organizaciones.

Me contrató un concesionario de automóviles con varias sucursales en el Medio Oeste que tenía mucho éxito, pero que se dio cuenta de que necesitaba mejorar sus comunicaciones. Cuando audité sus reuniones, descubrí un enorme agujero en su presupuesto. Acompañé al director general en sus cálculos:

Tenían 1.000 empleados y asistían, de media, a tres reuniones de equipo de una hora a la semana. Eso puede parecer poco o mucho, según la profesión, pero era razonable para su sector y su cultura. Sin embargo, cuando asistí a varias reuniones, descubrí que se desperdiciaban *veinte minutos de* cada una. Una cierta cantidad de charla trivial es vital en cualquier negocio basado en las relaciones, así que no la incluía. Eran veinte minutos perdidos por culpa de reuniones mal organizadas. Eso equivale a 1.000 horas de productividad *a la semana*.

Su salario medio era de 30 dólares la hora (que, si se tienen en cuenta las prestaciones y los impuestos, es inferior a la media porque no se incluyen las comisiones), lo que equivalía a 30.000 dólares que desperdiciaban a la semana. Eso llamó la atención del director general. De repente, mi valor como consultor tenía una cifra real detrás. Al enseñar a su equipo el material que estás leyendo aquí y luego entrenar a sus facilitadores para recortar cinco minutos aquí y diez minutos allá, devolví dinero a los bolsillos de todos.

Tómese un minuto y haga el cálculo para su empresa o departamento. Cuántas horas a la semana pasa el empleado medio de tu empresa o departamento en una reunión?

De esas horas, ¿cuántas se desperdician? Según mi experiencia, los primeros diez minutos de cada reunión se malgastan en personas que llegan tarde, en acomodar a los asistentes y en presentaciones poco interesantes. Al menos otros diez minutos se pierden por ineficacia (aunque a veces son muchos más), otros cinco o diez se pierden en transiciones entre temas u oradores, y otros cinco en cierres serpenteantes de la reunión.

Ahora pregúntese si todos los participantes necesitan estar en todas las reuniones a las que asisten. Si un empleado está en una reunión en la que no tiene que estar, está perdiendo el 100% de su tiempo. Y lo que es peor: si la reunión en sí es innecesaria (como lo son muchas reuniones), entonces se pierde el 100% del tiempo *de todos*. Ponga todo eso junto y calcule cuántas horas a la semana se están perdiendo.

Si una reunión es innecesaria, se pierde el 100% del tiempo de todos.

A continuación, ¿cuál es el salario medio (sin olvidar incluir prestaciones e impuestos)?
Ahora viene el paso más doloroso. Cuánto dinero estás perdiendo en reuniones ineficaces e innecesarias?

Ouch.

Por cierto, esto sigue siendo válido si trabajas en una organización sin ánimo de lucro con un equipo de voluntarios. Su tiempo vale dinero y no respetarlo te costará voluntarios a largo plazo.

Esta es la ecuación que debes utilizar en cada reunión:

$S \times P \div 60 = \$$.

Es decir, el salario medio por hora, multiplicado por el número de participantes, dividido por sesenta minutos, equivale al coste por minuto de tu reunión. Con esa cifra en la cabeza, aprenderás a ver cada minuto perdido como dinero que se esfuma. Después de eso, puede que empieces a ser un poco menos indulgente con "Siempre-tarde-Linda" y "No-te-cierras-Satya".

Aprende a ver cada minuto perdido como dinero que se esfuma.

_____

Por supuesto, no se trata de no celebrar reuniones. Una reunión eficaz que reúna a todas las personas adecuadas puede ahorrar horas de correos electrónicos reenviados y CC. La clave es que sigan siendo eficaces. En mi experiencia, facilitar grandes debates es la habilidad más importante que puedes desarrollar para ello, que es nuestro próximo tema.

Tu trabajo no es fomentar la discusión, sino fomentar la discusión productiva.

Capítulo 9

Facilitar una gran interacción

Ya he explicado que la comunicación virtual requiere "hablar a través de la puerta", es decir, ser más deliberado para superar las limitaciones inherentes al medio. Es aprender a superar los inconvenientes y aprovechar las ventajas.

La limitación más obvia del zoom es la pérdida de conversaciones de ida y vuelta sin esfuerzo. Atrás han quedado las innumerables microconexiones de las reuniones cara a cara. Ya he cubierto múltiples estrategias para los participantes que quieren hablar a través de esa puerta. Ahora centrémonos en el papel del facilitador.

Incluso antes de los bloqueos de COVID, aprendí que las reuniones virtuales necesitan más interacción *planificada* para compensar toda la interacción incidental que falta en las reuniones en persona. Por ejemplo, puedo pronunciar en directo un discurso de 45-60 minutos y la gente seguirá participando. Pueden interactuar entre ellos y yo puedo interactuar con ellos a través del contacto visual y las bromas. Pero en una reunión de Zoom, lo máximo que puedo pasar sin solicitar algún tipo de interacción son diez minutos (lo ideal sería más bien cada siete minutos).

Las reuniones virtuales necesitan más interacción planificada para compensar la falta de interacción incidental.

¿Qué tipo de interacción?

Eso depende totalmente del tipo de reunión. Si está más centrada en el presentador, quiero una interacción que mantenga el interés de los participantes y garantice que entienden el contenido. Pero si se centra en los participantes, quiero una interacción que les permita desempeñar un papel activo. Sus tres herramientas principales son:

1. Buzones de chat
2. Debates en tiempo real
3. Salas de descanso

Cada una de ellas tiene ventajas específicas y debe utilizarse intencionadamente para lograr su propósito. En lo que queda de capítulo, veremos cada una de ellas y terminaremos con algunos consejos varios para facilitar una gran interacción.

Nota importante: Todo lo que viene a continuación presupone que ya tienes una buena relación de trabajo con tu equipo. Lo que quiero decir es que, si ya has creado una cultura de interacción abierta, entonces podrás transferirla a las interacciones virtuales. Si no es así, es probable que tengas que trabajar primero en tu inteligencia emocional. Hay muchas herramientas estupendas para ello, incluido mi libro más reciente, *Connect through Emotional Intelligence (Conectar a través de la inteligencia emocional)* y el cuaderno de ejercicios que lo acompaña.

CAJA DE CHAT

Dilo conmigo: "El chat es tu amigo". Gracias a los mensajes de texto, casi todo el mundo se siente cómodo con esta ágil forma de comunicación. Lo que la hace tan valiosa es que permite mantener conversaciones (a todo el grupo o entre individuos) sin interrumpir el flujo de la reunión. Además, es mucho más *eficaz* porque todos pueden escribir a la vez. Pedir a diez personas que compartan sus aficiones puede llevar cinco minutos en un debate en tiempo real (más si alguien es un divagador), pero 30 segundos a través del chat.

El chat es tu amigo.

Como demostré en el último capítulo, la clave está en conseguir que la gente utilice el chat desde el principio y reforzar continuamente esa expectativa. Estas son algunas de las cosas para las que se puede utilizar el chat:

- Garantizar que los participantes están realmente presentes y comprometidos.
- Responder a una pregunta planteada a todo el grupo.

  Hacer observaciones o preguntas sobre el contenido del discurso.

- Reacciones con emoticonos a lo que se dice.
- Comunicación lateral discreta (más sobre esto en breve).
- Enlaces a artículos o recursos pertinentes.

Una nota más: a algunas personas les cuesta comunicarse por escrito sobre la marcha. Tal vez sean mecanógrafos lentos o tengan algún problema específico, como la dislexia o no ser hablantes nativos de inglés. Por eso, nunca critiques la gramática o la ortografía. Haz todo lo posible por entender lo que quieren decir a partir del contexto. Si no lo consigues, pide una aclaración en privado a través de la función de chat directo. Y si alguien se muestra excepcionalmente reacio a participar en chats, puede ser prudente preguntar más adelante si hay algún problema más profundo.

ÁRBITRO DE DEBATE

El debate en tiempo real es la herramienta de interacción más importante - hay cosas que no se pueden comunicar por texto- y es esencial para que las reuniones se centren en los participantes. Pero también es la más propensa a descontrolarse y la primera fuente de pérdida de tiempo (y, por tanto, de dinero).

Es hora de dar un paso adelante y liderar.

Las discusiones en tiempo real tienden a descontrolarse y son la principal fuente de pérdida de tiempo y dinero.

Como ya he dicho, jugué mucho al fútbol en el instituto y era un delantero razonablemente bueno. Recuerdo un partido en el que había una rivalidad superior a la media entre nosotros y el otro equipo. Por la razón que fuera, este tipo parecía estar en mi contra desde el principio. Quiero decir, era algo más que palabras malsonantes. Simplemente no le caía bien. Así que me sentí muy bien cuando le robé el balón y marqué inmediatamente, pero eso no mejoró en absoluto su actitud hacia mí.

No mucho después, volví a robar el balón y empecé a bajar al campo para hacer otro tiro. Sentí que saltaba literalmente sobre mí por detrás y caí al suelo. Lleno de toda la testosterona de un chico de instituto, me di la vuelta, dispuesto a lanzar un puñetazo y ambos equipos convergieron sobre nosotros. Me detuvo el fuerte silbido del árbitro. Apartó al otro chico y se abalanzó sobre él. Me pitó penalti y le sacó tarjeta amarilla. Puede que el otro chico mereciera algo más que una advertencia, pero sé que la rápida respuesta del árbitro evitó una pelea entre nuestros equipos. Los árbitros son cruciales para mantener la concentración de los jugadores y hacer avanzar el partido.

Los debates son un elemento crucial de la mayoría de las reuniones, especialmente de las que se centran en los participantes. A veces los grandes debates pueden surgir de forma orgánica, sin ningún tipo de arbitraje, pero todos hemos soportado suficientes malas reuniones como para saber que no siempre es así.

La discusión se parece mucho a un balón en el campo de fútbol. En un partido igualado, el balón se pasa mucho de un lado a otro. A veces, el balón se sale del campo y el árbitro hace sonar el silbato, devolviéndolo al campo. La analogía se rompe, por supuesto, porque una discusión no debería centrarse en marcar puntos o en ganar: esperemos que todos sepan que están en el mismo equipo.

En cualquier caso, el trabajo del árbitro es ser objetivo, garantizar un juego limpio y mantener el balón en movimiento. Eso significa vigilar de cerca el campo y resolver los problemas de inmediato. Aunque el árbitro que sacó la tarjeta amarilla a mi oponente controló la situación y evitó una pelea, he conocido a muchos árbitros que necesitaban un par de gafas. Puede que a los jugadores que se saltan las reglas les "gusten" los árbitros que no controlan la situación, pero a esos árbitros no se les respeta. Y son odiados por los jugadores que intentan seguir las reglas.

Lo que quiero decir es que si no admites -y afrontas- lo que es obvio para los demás, parecerás ignorante. El hecho de que todo el mundo sea demasiado educado para mandar callar al que divaga no significa que no lo vean. Lo ven y suponen que tú 1) no te das cuenta o 2) no eres lo bastante valiente para dar un paso al frente. Ninguna de las dos cosas es buena.

Si no admites lo que es obvio, pareces inconsciente.

Por último, un árbitro se mantiene al margen del juego. No anota puntos para un equipo ni penaliza excesivamente al otro. Facilitar una reunión a menudo significa moderar tus propias opiniones y pensamientos en aras de fomentar un debate más reflexivo.

Dicho esto, he aquí algunas "infracciones de debate" clave a las que debe estar atento:

1. DOMINAR EL BALÓN.

Algunas personas se sienten más seguras hablando que otras. Otras hablan demasiado para compensar su falta de confianza. Sea cual sea la razón, acaparan la pelota e impiden hablar a los demás.

Tratar con dominadores requiere mucha inteligencia emocional: las personas que tienen miedo al conflicto suelen ser las que peor lo hacen. Si se trata de un "área de crecimiento" para ti, te animo de nuevo a que inviertas en mejorar tu propia inteligencia emocional.

Las personas que tienen miedo al conflicto suelen ser las que peor lo hacen.

En cualquier caso, tenga mucho cuidado al corregir públicamente a un dominador: es probable que se ofenda profundamente y que desanime a los demás a hablar. En primer lugar, puedes dirigirte a ellos como parte de un grupo: "Agradezco esa perspectiva del equipo técnico. ¿Alguno de los diseñadores quiere opinar?". O: "Me gustaría escuchar a algunos de vosotros que aún no habéis hablado". En segundo lugar, prueba con frases sutiles como: "Es un gran punto de vista. Averigüemos qué piensa Luis". O, "¿Puedes quedarte con ese pensamiento un momento?".

Con suerte, el dominador captará la indirecta. Si no, prueba a utilizar el chat privado (¡y comprueba tres veces que sea privado!). Primero, agradéceles su aportación y luego solicita su "ayuda". Por ejemplo: "Oye, buen material, pero estoy intentando que algunos de los más callados hablen. ¿Puedes ayudarme con eso?". Esta técnica funciona aún mejor si puedes charlar personalmente con ellos antes de la reunión.

2. FUERA DE LÍMITE

Una infracción igual de común es desviar la discusión de los límites (también conocida como "rabbit trails"). Es una de las cosas que más me molestan. Una persona dice algo que se sale un poco del tema y se lo transmite a otra, que lo sigue. Antes de que nos demos cuenta, hay todo un juego que se desarrolla más allá de los márgenes. Todo el tiempo, el moderador asiente y dice cosas como: "Buena observación. Interesante perspectiva". Están tan ansiosos por mantener el debate que no parecen darse cuenta de lo fuera de tema que está.

Tu trabajo como moderador no es fomentar el debate, sino fomentar *un* debate *productivo*. ¿Ves por qué es tan importante tener un orden del día? Aquí es donde entra en juego el valor. Tienes que tener el valor de decir: "Es un tema estupendo, pero quiero respetar el tiempo de todos y mantenernos dentro del tema. ¿Quizá deberíamos organizar otra reunión para eso?".

Tu trabajo no es fomentar la discusión, sino fomentar la discusión productiva.

Una aclaración rápida. Hay una gran diferencia entre "fuera de juego" y "fuera de juego". En fútbol, fuera de juego es cuando alguien en ataque se adelanta al balón. A veces, alguien hace una pregunta o un comentario sobre algo de lo que hablarás más tarde. En ese caso, di algo como "Es un comentario estupendo. De hecho, vamos a hablar de ello dentro de un rato. ¿Puedes hacerme el favor de ponerlo en el chat como recordatorio?". Esto te permite mantener la pelota en movimiento (es decir, animar a seguir participando) sin permitir que los "jugadores" se adelanten al tema.

3. INTERRUPCIONES

En el fútbol, el árbitro es responsable de vigilar que no se produzcan conductas temerarias o excesos de fuerza, como zancadillas o cargas al adversario. Cuando esto ocurre, hace sonar el silbato, retira el balón y se lo da al adversario para que ejecute un tiro libre. A veces es necesario tomar una decisión. ¿Fue un ataque deliberado o iban a por el balón?

Las discusiones implican una cierta cantidad de idas y venidas ("interjecciones", del Capítulo 5), así que presta atención a cuándo se cruza el límite entre interrumpir y cortar el paso a los demás. Aquí es donde resulta muy útil establecer de antemano las expectativas y las normas básicas. Por ejemplo, si la norma es "Quien tiene la palabra, tiene el micrófono; todos los demás deben usar el chat", te resultará fácil saber si alguien ha cometido una infracción. En cualquier caso, habrá ocasiones en las que deberás interrumpir la conversación y devolvérsela a otro jugador.

4. FALTAS PERSONALES

A esto lo llamaremos conducta antideportiva. Puede tratarse de intimidación, agresividad excesiva, tácticas argumentativas injustas o ataques ad hominem (atacar a la persona en lugar de al argumento). Básicamente, es cualquier comportamiento que cree un ambiente inseguro y cierre la discusión. Esto no ocurre a menudo, pero es aquí donde los moderadores se ganan realmente su sustento.

Detener la "conducta antideportiva" es donde los animadores realmente se ganan el pan.

Estas situaciones deben tratarse de inmediato o, de lo contrario, se corre el riesgo de perder todo el control. Pero si estás atento, a menudo puedes "cortarlo de raíz". Aquí es donde la función de chat te da una ventaja virtual. Un mensaje privado rápido y respetuoso -que asuma los mejores motivos de la otra persona- puede a menudo detener un mal comportamiento antes de que se convierta en un problema. Algo así como: "Oye, Jodi, me doy cuenta de que te apasiona este tema, pero quizá debas bajar un poco el tono porque me ha parecido un poco personal. Gracias".

Mi regla general es mantenerlo en privado si puedo. Pero a veces un comentario es tan público y exagerado que tengo que responder públicamente. En esos casos, seguiré siendo lo más respetuoso posible y daré por buenos sus motivos, pero indicando claramente que su conducta ha sido inapropiada. Es importante ser lo más específico posible. Por ejemplo: "Lo siento, Tony, pero tengo que interrumpirte. Me doy cuenta de que esto es muy importante para ti, pero tenemos que ser respetuosos. ¿Necesitas un momento para reagruparte o quieres intentarlo de nuevo?".

Considéralo una tarjeta amarilla. Si reciben una advertencia, hay que silenciar el micrófono o expulsarles de la reunión. Y a veces, por un comportamiento especialmente irrespetuoso o inapropiado, hay que sacar una tarjeta roja. Es decir, expulsarlos inmediatamente. Afortunadamente, este tipo de comportamiento es bastante raro, pero es importante entender que el silencio por tu parte será visto como consentimiento. Si no respondes a algo inapropiado, la gente lo interpretará como que estás de acuerdo.

Si no respondes a algo inapropiado, la gente lo interpretará como que estás de acuerdo.

5. ANIMAR A LOS ORADORES RETICENTES

Voy a dejarme de analogías futbolísticas mientras pueda. Otra de tus funciones clave no es sólo controlar las discusiones desacertadas o agresivas, sino animar a los participantes reticentes. A veces, las personas más perspicaces son las menos dispuestas a hablar. Quizá sean introvertidas y necesiten tiempo para procesarlo todo. O puede que sean demasiado educados. Como moderador, ten en cuenta a los que no han hablado y considera la posibilidad de llamarlos por su nombre. Algo así como: "Rick, tienes una mirada pensativa ahí. ¿Querías decir algo?". Recuérdales también que pueden usar el chat y, si hacen una buena observación allí, pídeles que se explayen "en directo".

También es un buen momento para aprovechar las pausas largas. Haz la pregunta y luego di: "Quiero escuchar a alguien que todavía no ha hablado", y luego espera con confianza mientras sonríes. La incómoda pausa prácticamente les obligará a hablar.

6. FALTA DE DESACUERDO

Otra cosa que hay que tener en cuenta es la cámara de eco. Mucha gente es demasiado educada para discrepar públicamente de lo que se ha dicho. Puede que sea más cómodo asentir con la cabeza, pero a todos nos cuesta beneficiarnos de las opiniones divergentes.

A veces, como facilitador, tienes que ponerte en marcha haciendo respetuosamente de abogado del diablo. Soy famoso por la frase: "Permítanme que me retracte un poco". Es una forma estupenda de contradecir suavemente la opinión predominante y crear un debate más profundo. Tu trabajo es dar ejemplo de desacuerdo respetuoso. Me encanta cómo lo expresó Colin Powell:

> Cuando debatimos un tema, lealtad significa darme tu opinión sincera, creas que me va a gustar o no. El desacuerdo, en este estado, me estimula. Pero una vez tomada una decisión, el debate termina. A partir de ese momento, lealtad significa ejecutar la decisión como si fuera propia.

Esa es la mentalidad que quiero fomentar en las reuniones.

Es tu trabajo modelar el desacuerdo respetuoso.

7. CONVERSACIONES Y DISCUSIONES PARALELAS.

A todos nos ha pasado: lo que se supone que es una reunión de grupo se convierte en una conversación (o, lo que es peor, en una discusión) entre dos personas mientras los demás miran sus redes sociales. Y una vez que han cogido sus teléfonos, es posible que no los vuelvan a soltar. Una vez más, aquí es donde usted sirve al resto de los participantes. Interviene educadamente y di algo como: "Parece que vosotros dos deberíais desconectar esta discusión. ¿Podéis volver con vuestro consenso?".

SALAS DE DESCANSO

Cuantas más personas haya en una reunión virtual, menos hablarán. Esto se aplica a todas las reuniones, pero especialmente a las conferencias web. Es algo más que un juego de números (más gente significa menos tiempo por persona). También hay un componente sociológico: cuanto mayor es la multitud, más confianza se requiere para hablar. Pero confianza no equivale necesariamente a capacidad: YouTube está lleno de vídeos virales de idiotas confiados.

Cuantas más personas haya en una reunión virtual, menos se manifestarán.

Las salas de descanso permiten superar esta dinámica y evitar el pensamiento de grupo mediante la creación de grupos de debate más reducidos, lo que redunda en una mayor y mejor participación. Algunos estudios demuestran que los grupos empiezan a perder su "dinámica de equipo" en torno a los siete miembros, por lo que las salas de descanso son vitales para cualquier reunión realmente centrada en los participantes que supere ese tamaño[xxvi].

Eso no significa que las salas de descanso sean sólo para reuniones centradas en los participantes. Son una de mis herramientas favoritas para las reuniones centradas en los presentadores. Aquí tienes algunas formas eficaces de utilizarlas:

- Una "barra lateral" rápida de cinco minutos para cambiar el ritmo y mantener el interés de los participantes.

- Haga hincapié en un punto importante dando a los participantes la oportunidad de interactuar y aplicarlo a su propia situación.

- Reúna a los equipos existentes (por ejemplo, a todos los ingenieros) para un debate centrado.

- Fomente la creación de redes y las conexiones personales.

Si sabes cómo quieres utilizar las salas de descanso, prográmalas estratégicamente a lo largo de la reunión. Por ejemplo, si tu objetivo es mantener la atención de los participantes, te sugiero que las distribuyas uniformemente a lo largo de la presentación, aproximadamente cada quince minutos.

¿Cómo se crean las salas de reuniones? Cada plataforma será un poco diferente, pero aquí hay un tutorial rápido para Zoom (en el momento de la publicación), pero otras plataformas son similares.

En primer lugar, tendrás que habilitar las salas de reunión. Accede a Zoom a través del sitio web (*no* de la aplicación). Ve a "Configuración", desplázate hasta "Sala de reuniones" y habilítala.

Ahora cree una reunión como anfitrión (sólo puede crear salas de reuniones si usted es el anfitrión) y, a continuación, haga clic en "Salas de reuniones":

A partir de ahí, se te darán opciones, como cuántas salas crear y cómo asignar a los participantes.

Una vez más, la forma de asignar a las personas debe estar en función de tus objetivos. También podrás programar las salas y decidir su duración.

El paso más importante, sin embargo, es dar instrucciones muy claras sobre lo que *quieres que* hagan y *cuánto tiempo* tienen. Y quiero decir muy claras: las personas no supervisadas en grupos pequeños son aún más propensas a perder el tiempo que las que están en grupos grandes. Después, como anfitrión, asegúrate de que los participantes han entendido las instrucciones, responde a las preguntas y mantén a todo el mundo en el buen camino.

Las personas no supervisadas en grupos pequeños son aún más propensas a perder el tiempo que las que están en grupos grandes.

CONSEJOS VARIOS PARA EL DEBATE

Aquí tienes otros consejos para tener a mano:

1. PERMITEN UN RITMO NATURAL DE DEBATES PESADOS Y LIGEROS.

No todo tiene que ir al grano. Fíjate en cuántas películas dramáticas tienen un personaje cómico cuyo trabajo es evitar que las cosas se hagan demasiado pesadas durante demasiado tiempo. Así que, si una pequeña tangente sobre el precio de los cafés con leche parece proporcionar un respiro, no la aplastes, pero no la dejes correr durante demasiado tiempo.

2. PAUSAS EN EL HORARIO.

Es bien sabido que hacer pausas aumenta la productividad. Esto es especialmente cierto cuando se trata de reuniones virtuales[xxvii]. [xxvii] Las largas horas mirando la pantalla del ordenador sin actividad física son conocidas por crear "Zoombies"[xxviii] No te reúnas más de una hora sin hacer una pausa de diez minutos.

Como siempre, comunica el plan a los participantes. Así, para una reunión de 90 minutos, avísales al principio de que habrá un descanso de diez minutos a mitad de camino. De este modo se reducirá al mínimo el número de personas que se escapen para hacer una pausa "no autorizada" para ir al baño, etc. A continuación, avísales unos minutos antes. Diles algo así como: "Bien, vamos a terminar este punto y luego haremos un descanso de diez minutos", y les darás un incentivo extra para que se concentren.

Cuando haga descansos, dé instrucciones claras sobre cuándo volver y anímeles también a realizar algún tipo de actividad física. Un sprint escaleras arriba y escaleras abajo puede hacer maravillas por la creatividad.

3. TENER UN "ASISTENTE" CON AUTORIDAD DE CO-ANFITRIÓN.

Si es posible, y dependiendo de la situación, contar con alguien que te ayude a gestionar los comentarios del chat, el software de presentación y diversos aspectos técnicos puede ayudarte a centrarte en la facilitación. Para Zoom, pídale a su "asistente" que inicie sesión con antelación y asígnele la capacidad de Coanfitrión haciendo clic en los tres puntos que aparecen junto a su nombre en el modo Galería.

4.   PRESTAR ATENCIÓN A SU ATENCIÓN.

Todos hemos tenido esos profesores a los que no les importaba si te perdías en el país de la laguna, siempre que no les interrumpieras. En su libro *Las siete leyes del alumno*, Bruce Wilkinson dice: "Los profesores son responsables de hacer que los alumnos aprendan". Del mismo modo, usted es responsable de mantener el interés de los participantes. Esto es especialmente importante en las reuniones centradas en el presentador, en las que tú eres el que más habla. Esté atento a las señales que indiquen que los participantes están perdiendo la atención. Haz preguntas, utiliza sondeos en línea e intercala sesiones de feedback para interrumpir la sesión.

Usted es responsable de mantener el interés de los participantes.

5.   TEN A MANO FRASES ÚTILES.

He aquí un puñado de frases para tener a mano:

"Por favor" y "Gracias". Sé que esto parece muy obvio, pero si tú, como facilitador, te sientes bajo presión, es fácil olvidar lo obvio.

"Permítame ser directo". ¿Alguna vez has interactuado con alguien y al principio te ha parecido grosero, para luego darte cuenta de que era amable pero no se andaba con rodeos? Esta frase dice: "Te respeto a ti y a tu tiempo, así que voy a ser sincero" sin parecer grosero.

"Cuéntame más sobre eso". Mucha gente infravalora sus propios puntos de vista y se queda corta. Esto dice a la vez: "Me gusta lo que has dicho" y "Quiero oír más".

"¿Qué te parece, _____?". Al utilizar su nombre, solicitas su participación.

"¿He respondido a su pregunta?" Todos hemos tenido la experiencia de hacer una pregunta, sólo para que se malinterprete completamente. La mayoría de las veces, a la gente le da vergüenza aclarar las cosas, pero esta pregunta facilita la aclaración e invita a hacer preguntas complementarias.

"¿Puedo volver a ponerme en contacto contigo? De hecho, ¿podría enviarme un recordatorio por correo electrónico?". No vas a tener todas las respuestas y no pasa nada. Si no sabes la respuesta, es mucho mejor investigar que inventarte algo de lo que te arrepentirás. Esto es triplemente cierto a la hora de hacer una promesa. Nunca aceptes algo cuando te sientas presionado. Pedirles que te envíen un correo electrónico filtra las peticiones frívolas y te libera de la carga de tener que recordarlo.

Nunca aceptes algo cuando te sientas presionado.

"¿Qué relación tiene esto con...?". Esta es una buena forma de tratar un comentario que parece fuera de tema, porque no descarta la idea, sino que permite al participante reconocer que está "fuera de tema" o conectarlo con el debate principal.

"¿Cómo crees que deberíamos avanzar?". Esto no sólo invita a hacer aportaciones, sino que indica que ha llegado el momento de dejar de hablar y empezar a *hacer*.

_____

Si utiliza fielmente el material de este capítulo, podrá dirigir mejores reuniones, virtuales o en persona, que la mayoría de los profesionales del sector. Pero puede que dirigir reuniones no sea un problema para ti. Lo que le da miedo es hablar. En el próximo capítulo, hablaremos sobre cómo superar tus miedos y cómo convertirte en un gran presentador, sea cual sea el formato.

La confianza permite a nuestros oyentes centrarse en lo que decimos y no en nosotros.

Capítulo 10:
Hable como un profesional

Piense en el último discurso asombroso que haya escuchado, como por ejemplo una charla TED o un discurso político inspirador. Casi desde el momento en que un orador competente abre la boca, sabes que estás en buenas manos. Irradian confianza y autoridad.

Contrasta eso con algún pobre estudiante dando su primer discurso en COMM 102. Tu empatía se disparó y te sentiste avergonzado por ellos mientras casi hiperventilaban. Tu empatía se disparó y te sentiste avergonzado por ellos mientras casi hiperventilaban. Como resultado, te centraste más en ellos que en su discurso.

Esto es lo que quiero que noten: La confianza permite a nuestros oyentes centrarse en lo que estamos diciendo en lugar de en nosotros. Dicho de otro modo, cuanto menos te preocupes por lo que el público piense de ti, menos pensarán ellos de ti.

La confianza permite a nuestros oyentes centrarse en lo que decimos y no en nosotros.

Aunque éste no es estrictamente un libro sobre cómo hablar en público, la capacidad de hablar con confianza es una de las claves más importantes para ser un presentador virtual de éxito. En mi libro *Hablar sin miedo*, decía que hablar en público es una ventaja universal, una habilidad que te da ventaja en casi cualquier profesión o situación[xxix] Independientemente de tu puesto de trabajo, aumenta tu autoridad percibida y te hace más valioso en tu organización. Creo que no puedes permitirte el lujo de *no* invertir en tu capacidad de oratoria (pero soy un poco parcial, ya que entreno a oradores y dirijo talleres de oratoria).

Este capítulo no sustituye esa inversión, pero hablar con seguridad es demasiado importante como para no abordarlo. Considérelo un repaso de los temas que tendrá que estudiar más adelante.

COMPROMISO VIRTUAL

En el capítulo 2, dije que uno de los principios clave de las reuniones virtuales es tratarlas como conversaciones reales. Del mismo modo, hay que aprender a tratar las presentaciones virtuales como discursos reales. Parece obvio, pero muchos se convierten en otra persona cuando se enciende la cámara. Las personas emocionantes se vuelven aburridas. La gente fácil se vuelve rígida. Las personas amables parecen groseras.

Debes aprender a tratar las presentaciones virtuales como si fueran discursos reales.

Como he dicho antes, los compromisos virtuales requieren un acto de imaginación. Eso significa que la cámara (porque estás mirando a la cámara, no a la pantalla) se convierte en el público real al que te diriges. He dicho "público" y no "persona" porque hacer una presentación no es exactamente lo mismo que una conversación. Casi, pero no del todo. Hay más autoridad, una cadencia diferente, una atención diferente a los detalles y una presencia diferente en el escenario.

Oportunidad virtual

Subirse a un escenario ante decenas de miles de personas basta para inquietar incluso al orador más experimentado. Una sala de ese tamaño suena y se siente diferente. Pero con las reuniones virtuales, no importa si estás hablando a uno o a un millón: sigues mirando a una cámara. Eso puede aliviar tus nervios, pero no te pongas demasiado cómodo. Eso también es una receta para el desastre.

PREPARACIÓN, PREPARACIÓN, PREPARACIÓN

Dicen que hay tres claves en el sector inmobiliario: ubicación, ubicación y ubicación. Del mismo modo, hay tres claves para hablar en público: preparación, preparación y preparación:

1. PREPÁRATE.

Estudia el arte de hablar en público. Únete a un grupo de Toastmasters. Busca formas de practicar tus habilidades oratorias (como la articulación clara, los gestos con las manos y las expresiones faciales). Hay algunas personas que se sienten cómodas por naturaleza en el escenario (real o virtual), pero la mayoría de nosotros empezamos aterrorizados -una vez me induje una fiebre psicosomática para evitar un discurso-, pero ganamos confianza con la práctica.

2. PREPARE SU MATERIAL.

No hay nada mejor que conocer el material por dentro y por fuera.
Las pesadillas sobre dar un discurso en ropa interior son un intento de tu cerebro de lidiar con tu falta de preparación *interior* manifestándola externamente. Sigue el principio del iceberg de la investigación: El contenido que compartas debe ser sólo la punta de todo lo que sabes sobre tu tema. Si sólo tienes lo suficiente para rellenar tus notas, te sentirás como... bueno, como si sólo llevaras ropa interior.

3. PREPARE SU PRESENTACIÓN.

Una cosa es conocer el contenido y otra organizarlo y prepararlo para compartirlo. Ya que has preparado más material del que puedes compartir, ¿cómo sabes qué compartir y qué guardarte en el bolsillo de atrás? Conociendo tu propósito. Al igual que hablamos en el capítulo 5, deberías ser capaz de decir: "Mi propósito para esta presentación es _____" y eso determinará tu contenido.

Plasma ese contenido en un papel y luego busca la mejor manera de organizarlo y hacerlo interesante. A continuación, conviértelo en un esquema y practica tu discurso hasta que te sientas cómodo con él. A continuación, practícala delante de personas de confianza para que te den su opinión. Uno de mis principios para *hablar sin miedo es que la* primera vez que das un discurso nunca debe ser la primera vez que lo das.

La primera vez que das un discurso nunca debe ser la primera vez que lo das.

CONTROLA EL MIEDO

La confianza no es la ausencia de miedo, sino *el miedo bajo control*. He aquí las siete estrategias de mi libro:

1. **Destape y limpie la herida:** Afronta los miedos pasados que te paralizan a la hora de hablar.

2. *Imagine lo peor:* Prepárate mentalmente para el peor de los casos.

3. *Sé tú mismo:* Descubre cómo hablas, en lugar de intentar hablar como otra persona.

4. *Hable con uno: Conecte* con una persona antes de hablar.

5. *No se trata de ti:* Céntrate en servir a tu público.

6. *Canaliza el poder:* Aprovecha el poder del miedo para darte un borde.

7. *Vive el momento:* Disfruta de lo que haces y los demás también lo harán.

Son descripciones dolorosamente abreviadas, pero son un buen punto de partida.

ALGUNAS TÉCNICAS

El contenido es el rey. Si no tiene nada que merezca la pena compartir, estas técnicas no serán más que palabrería, y el público puede ver a través de la palabrería. Pero si tiene algo que ofrecer, estas técnicas mantendrán al público interesado. Como antes, esta es la versión abreviada.

- Varía la velocidad y el volumen. Piensa en cuatro cuadrantes: fuerte y lento, fuerte y rápido, tranquilo y lento, tranquilo y rápido. Muévete por ellos para añadir interés.

- Del mismo modo, varíe su tono. El tono monótono ya es malo en persona. En la comunicación virtual, es una sentencia de muerte.

- Utilice las pausas para dar énfasis, para variar, para conectar con el público, para respirar y pensar, para permitir que el oyente reflexione.

- Ya que estamos, asegúrate de respirar. El nerviosismo provoca una respiración superficial. Respira hondo y con calma para recuperar el control.

- De pie para hablar. Como explico en el capítulo 12, tengo un escritorio de pie que me permite estar de pie para las presentaciones, lo que me da más capacidad pulmonar y, por tanto, más potencia vocal.

- Si tiene que sentarse, mantenga ambos pies apoyados en el suelo y siéntese recto. Así mejorará su capacidad pulmonar y transmitirá mayor autoridad.

- Cambie de postura (sentado o de pie). Inclínate hacia dentro para decir algo, inclínate hacia atrás para dejar espacio al oyente para pensar.

- En el capítulo 12, hablaremos de la "Regla de los tercios". Utilízala para prestar atención a cómo te encuadra la cámara.

- Utilizar las herramientas de presentación para aclarar el mensaje, no para complicarlo o

  distraer la atención.

- Hable con las manos, pero sólo si le resulta natural. Es mejor no hacer gestos que hacer gestos que parezcan forzados.

- Cuenta historias. Cuente más historias. Nuestros cerebros, literalmente, procesan las historias de forma diferente y las recuerdan mejor.

- No tengas miedo de utilizar notas; de hecho, hacerlo es más fácil y discreto en las reuniones virtuales.

- Por último, sonríe. Este es el primer consejo que doy a mis clientes. Sonreír libera neurotransmisores calmantes, fortalece tu voz y te conecta con los demás.

_____

Ya hemos hablado de cómo empezar con fuerza, cómo facilitar las interacciones y cómo hablar con confianza. Pero a veces, el verdadero secreto de las grandes reuniones reside en lo que ocurre después de cerrar la sesión. Lo veremos a continuación.

Las reuniones sin seguimiento destruyen la iniciativa y cuestan credibilidad.

Capítulo 11

Cierre de la reunión y seguimiento

¿Has participado alguna vez en una reunión increíble de intercambio de ideas? Las ideas fluían, las risas volaban y te ibas con ganas de formar parte de lo que vendría después, pero luego no hubo seguimiento y nada cambió. Este tipo de reuniones son *peor* que una pérdida de tiempo. Destruyen la iniciativa y le cuestan a la dirección una enorme credibilidad.

Las reuniones sin seguimiento destruyen la iniciativa y cuestan credibilidad.

Con demasiada frecuencia, los presentadores y facilitadores están tan centrados en terminar la reunión -y tan aliviados de casi haber terminado- que no piensan en cómo concluir el discurso. Es como si un piloto se dirigiera a la cabina a tomar una copa cuando aún está a punto de aterrizar. Todavía tienes que aterrizar.

Casi tan malo es terminar la reunión pero no hacer ningún seguimiento. Es como dejar el avión en la pista y no dejar bajar a los pasajeros. Veamos cómo aterrizar una reunión virtual y llevar a los participantes a donde deben estar.

¿MISIÓN CUMPLIDA?

La primera pregunta es *cuándo* hay que terminar una reunión. Hablando en términos generales, aquí tienes los objetivos que debes cumplir para cada tipo de reunión:

Informativa: ¿Se ha transmitido la información necesaria y se ha entendido? No ignore esta última parte.

Motivación: Esto puede ser más difícil de medir, pero pregúntese si los participantes se sintieron inspirados y equipados para _____.

Persuasivo: ¿Se ha dado a los participantes una razón convincente para creer que hacer/comprar _____ es lo mejor para ellos, *y se les ha* hecho una clara "llamada a la acción"?

Colaboración: ¿Se ha desterrado el pensamiento de grupo y se ha examinado a fondo la cuestión desde todos los ángulos? ¿Se han registrado las conclusiones y existe un plan sólido para los próximos pasos?

Ejecutivo: ¿Se han tomado todas las decisiones y existe un plan sólido para su ejecución?

Debriefing y feedback: ¿Se ha examinado a fondo el acontecimiento o producto, sus aspectos positivos y negativos, y existe un plan para aplicar las conclusiones en el futuro?

Redes y conexiones: ¿Han podido los participantes encontrar intereses comunes, personal y profesionalmente, y se les han dado las herramientas para conectarse fuera de línea?

A partir de estos objetivos generales, vuelve al propósito de la reunión y al orden del día. ¿Se han cumplido?

Hecho esto, he aquí la regla: Una reunión debe terminar cuando se hayan cumplido sus objetivos o haya llegado al final previsto, *lo que ocurra primero.*

Una reunión debe terminar cuando se hayan cumplido sus objetivos o haya llegado al final previsto, lo que ocurra primero.

Nunca insistiré lo suficiente en esta última parte. Si consigues el objetivo en la mitad de tiempo, termínalo. Nadie se quejará. Por lo demás, termine siempre la reunión en el tiempo previsto, aunque no se hayan alcanzado los objetivos. ¿Por qué? Porque las reuniones son como el aire caliente: se expanden o contraen para adaptarse al espacio disponible. Al igual que en las reuniones de mi consejo de administración del capítulo 6, imponer un límite de tiempo mejorará la eficacia.

Las reuniones son como el aire caliente: se expanden o contraen para adaptarse al espacio disponible.

Sin embargo, hay dos excepciones importantes. En primer lugar, el brainstorming requiere tiempo suficiente para que fluya la creatividad. A veces, las mejores ideas surgen *después de* pensar que todo está resuelto.

En segundo lugar, una emergencia puede hacer necesaria una reunión ejecutiva prolongada: a veces hay que hacer lo que hay que hacer. Pero nunca olvides lo fácil que es que las excepciones se conviertan en normas.

ENVUÉLVALO CON UN LAZO

Cuando llegue el momento de terminar, ciérralo a propósito con estos tres elementos: 1) una declaración final que resuma, 2) unos próximos pasos claros y 3) una despedida agradecida.

1. RESUMEN DE LA DECLARACIÓN FINAL

Hay una cita familiar para escritores y oradores que se aplica también a los presentadores: "Diles lo que les vas a decir, díselo y diles lo que les has dicho".

 "Diles lo que les vas a decir, díselo y diles lo que les has dicho". No es simplemente una cuestión de repetición:

"Diles lo que vas a decirles...". Si envías el orden del día con antelación, conseguirás que los participantes estén en el espacio mental adecuado para dedicarse plenamente al contenido.

"...diles..." Esta es la reunión en sí.

"...y cuéntales lo que les has contado". Termina siempre con un resumen rápido que lo una todo con la máxima brevedad.

En el caso de las reuniones centradas en el presentador, tiene la ventaja de conocer el contenido de antemano, por lo que puede elaborar una breve declaración final tan concisa que todos querrán anotarla.

En el caso de las reuniones centradas en los participantes, tome notas a medida que transcurre la reunión para poder cerrar todo al final con una declaración sucinta que honre a los participantes y resuma sus ideas.

¿Has captado algún tema? Máxima brevedad, breve, sucinto. El resumen debe ser muy breve. Literalmente, no más de uno o dos minutos. No hay nada peor que pensar que la reunión ha terminado y luego tener que soportar un discurso disfrazado de resumen. Se trata de una forma probada de hacer que los participantes se desconecten mentalmente antes de que pases a los dos siguientes elementos cruciales.

2. PRÓXIMOS PASOS CLAROS

Probablemente se haya dado cuenta de que los objetivos que he dado para cada tipo de reunión incluyen algún tipo de medidas de acción. No importa qué tipo de reunión estés dirigiendo, hay algo que quieres que *suceda* después. Tu trabajo consiste en terminar la reunión dejando muy claros los pasos siguientes.

3. DESPEDIDA AGRADECIDA.

Dale las gracias a la gente por venir y hazlo en serio. No importa si les has pagado por estar allí, te han dado una parte de su recurso más valioso. Después, dales "permiso" para desconectarse, pero ofrécete a quedarte un rato por si alguien tiene más preguntas.

SEGUIMIENTO

Ya casi has terminado, pero no del todo. El último paso es un seguimiento por escrito a través del correo electrónico, Slack o cualquier otra herramienta que utilices. No es necesario que sea largo -no *debería* serlo-, solo lo suficiente para recordar a todos las ideas clave, las decisiones tomadas y los puntos de acción (con asignaciones).

Este último es el secreto del éxito de las reuniones: asegurarse de que todo el mundo sabe quién es responsable de hacer qué. Al crear esa responsabilidad, aumentan enormemente las posibilidades de que la reunión cumpla sus objetivos. En el caso de las reuniones persuasivas, este es un buen momento para hacer otra llamada a la acción.

Al crear esa responsabilidad, aumentan enormemente las posibilidades de que la reunión cumpla sus objetivos.

Una cosa más: si quieres ser mejor presentador, incluye una breve encuesta en la que preguntes qué les ha gustado y qué hay que mejorar.

————————————

El famoso proverbio "A falta de un clavo" termina con "A falta de una batalla se perdió el reino. Y todo por falta de un clavo de herradura". Está claro que un reino es más importante que un clavo, igual que todo lo que has leído hasta ahora es más importante que "las cosas técnicas". Pero las cosas técnicas pueden arruinar todo tu duro trabajo, así que eso es lo que vamos a tratar a continuación, empezando por tu configuración.

CUARTA PARTE: **INSTALACIÓN**

Una configuración profesional transmite autoridad.

Capítulo 12:

Prepararse para el éxito

Llamamos a esto la era digital, pero también podríamos llamarla la era visual. Puede que algunos lectores ni siquiera recuerden la época anterior a los selfies, cuando había que considerar cuidadosamente cada foto por el coste de la película y el revelado. Para bien o para mal, las cámaras digitales (que se hacen pasar por teléfonos inteligentes) nos han permitido echar un vistazo a la vida cotidiana de los demás.

La calidad de estas cámaras ha aumentado enormemente en los últimos diez años, hasta el punto de que se han rodado largometrajes con iPhones. Su próxima reunión de Zoom no tiene por qué ser digna de una nominación a los Oscar, pero la calidad de su equipo y de su montaje no debe, como mínimo, desvirtuar su mensaje.

Confío en que no quieras hacer lo mínimo.

Tu configuración refleja directamente tu profesionalidad. Una imagen granulada en una habitación mal iluminada transmite una cosa. Una imagen nítida y bien iluminada transmite otra cosa. En este capítulo nos centraremos en el equipo y en cómo configurarlo. En relaciones públicas se habla de "óptica". Piensa en todo esto como "relaciones públicas personales".

Su configuración refleja directamente su profesionalidad.

CONFIGURACIÓN VIRTUAL

Su configuración virtual representa todos los elementos necesarios para crear un espacio profesional en línea:

1. Equipo (cámara, micrófono, iluminación, etc.)

2. Su ubicación física y el telón de fondo

3. Software (plataforma web de reuniones, software de presentaciones, aplicaciones como Kahoot, etc.)

Todo lo que te han enseñado sobre el poder de la primera impresión se aplica directamente a tu configuración. La cámara que utilices, la calidad de tu sonido y el aspecto de tu fondo comunicarán algo a todos los que asistan a una reunión virtual contigo.

Piensa en algunos de los contenidos online que has visto. Por ejemplo, compara mentalmente un discurso improvisado, grabado con un teléfono por alguien que pasea por un ruidoso centro comercial, con una charla bien montada por alguien que utiliza una cámara de alta calidad y un micrófono Yeti montado.

La primera puede ser ideal para un orador motivacional que da un discurso espontáneo.

"pensamiento del día" y, si tienes una plataforma establecida tan grande como las Kardashian, puede que puedas salirte con la tuya, pero el resto de nosotros tenemos que prestar atención a nuestra presentación. Un montaje profesional comunica: "Sé lo que hago". Transmite autoridad e intencionalidad.

Una configuración profesional transmite autoridad.

¿Qué quiere que su configuración virtual comunique sobre usted? No todo el mundo tendrá la misma respuesta. Dependerá de su sector, sus objetivos y su público. Pero tienes que pensar en cada aspecto de tu configuración y en lo que dice.

Busca la forma de grabar tu próxima reunión virtual y luego mírala como si fueras un cliente potencial. Examine la nitidez del vídeo, la claridad del audio, el ruido de fondo, la impresión que causa su telón de fondo, etc. ¿Le contrataría?

INVIERTE EN TU FUTURO

¿Recuerdas tu primer trabajo que requería ropa más elegante? Pasar de una organización sin ánimo de lucro de California, donde los pantalones cortos eran la norma, a un puesto de consultor de ventas en el noroeste significaba que tenía que comprarme un nuevo vestuario. No era un gasto pequeño, pero entendí que era el coste de hacer negocios.

Me hace gracia que a algunas personas les haga ilusión encontrar una chaqueta de traje por "sólo" 400 dólares, pero se pongan nerviosas cuando les digo que se compren una cámara de 40 dólares para reuniones virtuales.

"¿Qué tiene de malo la de mi ordenador?", me preguntan. Intento ayudarles a ver que su instalación es simplemente otro gasto, igual que su traje. El equipamiento es el vestuario de la era moderna.

El equipamiento es el vestuario de la era moderna.

Tienes que estar dispuesto a invertir en tu configuración. En esta nueva era de la comunicación virtual, tu equipo virtual se ha convertido en parte de tus herramientas de trabajo. Igual que un pintor necesita buenos pinceles, usted necesita una buena cámara. Igual que un cocinero necesita zapatos antideslizantes, tú necesitas un soporte que ponga el ordenador a la altura de los ojos.

Ésa es la mala noticia. La buena noticia es que no tiene por qué ser caro. De hecho, puedes construir una sólida configuración virtual por menos de 150 dólares. Aunque tu situación específica puede cambiar un poco las cosas, aquí tienes los elementos clave en los que tienes que invertir. No tienes que gastarlo todo de una vez. Mientras lees esto, piensa qué elementos son los más prioritarios.

1. CÁMARA

Normalmente, es el primer lugar en el que querrías gastar dinero, porque es donde se produce la mejora más espectacular. Tuve una clienta cuyo trabajo requería muchas presentaciones en línea y se dio cuenta de lo mucho más profesional que le haría parecer una buena cámara. Así que invirtió 200 dólares en la cámara que le recomendé (la webcam Logitech BRIO) y la diferencia fue increíble. Las cámaras más caras no sólo tienen más funciones, sino también mejores lentes, lo cual es clave (incluso cuando se graban películas con un iPhone, suelen acoplar una lente especial).

Si no tienes tanto dinero para gastar, hay muchas cámaras excelentes por menos de 50 dólares. Mi regla personal es buscar cámaras que tengan más de 1.000 opiniones y 4,5 estrellas. Sin embargo, asegúrate de indagar un poco en los comentarios. Lee algunos de los comentarios con menos estrellas. Puede que saquen a la luz algún problema para ti, como que no sea compatible con tu ordenador.

La mayoría de las cámaras se enganchan a la pantalla, pero es posible que tu instalación requiera algún tipo de soporte. Puedes encontrar buenos soportes de cuello de cisne por unos 25 dólares. La ventaja de estos soportes es que ofrecen una gran flexibilidad a la hora de colocar la cámara. La desventaja es que son más propensos a las vibraciones que un trípode, e incluso al teclear la cámara puede temblar, algo que los demás participantes quieren evitar.

Además, si utilizas las comunicaciones virtuales para hacer presentaciones profesionales o dirigir seminarios web, puedes plantearte utilizar varias cámaras y cambiar de vez en cuando el ángulo para mantener el interés. Puedes hacerlo todo lo elaborado (y caro) que quieras, pero empieza con poco conectando una segunda cámara al ordenador y cambiando sobre la marcha seleccionando cámaras alternativas en la configuración de tu plataforma de conferencias web. Yo utilizo un total de tres cámaras distintas, la Blackmagic ATEM Mini Pro (placa de conmutación) y convertidores de webcam motorizados, que dan a mis keynotes virtuales una sensación de gama muy alta.

2. ILUMINACIÓN

El segundo elemento más importante es la iluminación. Las salas poco iluminadas tienen un aspecto poco profesional. Un tono de blanco inadecuado puede dar un aspecto enfermizo. Hay algunos trucos de bajo coste que puedes utilizar, como una lámpara bien colocada o situarte frente a una ventana para que entre luz natural.

En mi configuración actual utilizo cuatro luces de 100 dólares (Neewer Metal 10.6 inches Round LED Video Light with Stand) y dos softbox de estudio montadas en el techo de 75 dólares. LED significa menos electricidad y menor temperatura (¡lo que importa cuando hay seis!). En las luces de estilo Neewer, entre otras, puedes cambiar el color de blanco frío a un blanco más cálido.

La razón por la que necesito tanta iluminación es porque utilizo toda mi oficina como estudio y me desplazo durante las charlas virtuales. Si piensas quedarte en el mismo sitio, no necesitas tanta iluminación. El kit de iluminación para videoconferencias Lume Cube (70 $) es una gran opción. Hay muchas buenas opciones de iluminación entre 20 y 40 dólares.

Cuando instales las luces, el objetivo es que la luz se distribuya uniformemente y no te deslumbre. Experimenta hasta conseguir los mejores

resultados. Dependiendo de tu habitación, puede que también necesites invertir en unas cortinas opacas (20 €).
Algunos también pueden ayudar con los ruidos exteriores.

Ergo-tip

> *No coloques las luces justo al lado de la cámara y evita los combos cámara/luces. De lo contrario, te pasarás toda la reunión mirando fijamente a una luz. Eso cansa la vista y la mente.*

3. MIC

Podría decirse que más importante que la cámara es el micrófono. Celebrar una reunión en línea sin vídeo es frustrante, pero hacerlo sin audio no tiene sentido. El micrófono afecta a la calidad y el tono de tu voz, lo que puede influir en cómo te perciben: ¿preferirías sonar más como Morgan Freeman o Meryl Streep, o como Mickey o Minnie Mouse? Además, tu micrófono influirá en la cantidad de ruido ambiente que oirán los demás participantes.

No hay una opción correcta para la configuración del micrófono: depende del uso que le des. El micrófono Yeti es muy popular, y por buenas razones. Cuando se utiliza con un filtro antipop y auriculares, tiene una gran calidad de sonido. Gracias a sus capacidades de baja frecuencia, hará que tu voz suene más rica y autoritaria. También tiene un aspecto muy profesional, muy similar al de un estudio de radio. El inconveniente es que limitan tu capacidad de movimiento. Y su precio ronda los 150 dólares.

Aunque utilizo el micrófono Yeti, también soy fan del micrófono USB de condensador de estudio FIFINE. Por 60 dólares, no solo es asequible, sino que funciona de maravilla y viene con un soporte profesional.

Otra opción son unos auriculares con micrófono, como los Logitech USB Headset H390 (25 ¤). Tienen micrófono con cancelación de ruido y buena claridad.

Ya que hablamos de auriculares: Yo personalmente no los uso por el aspecto que intento conseguir, sobre todo cuando doy un discurso de apertura. En la medida de lo posible, quiero que mis participantes se olviden de que no estoy físicamente presente y los auriculares llaman la atención sobre ese hecho (¿alguna vez has asistido a un discurso pronunciado por una persona que lleva unos auriculares grandes?)

Dicho esto, los auriculares pueden ser una gran opción para ti, especialmente si trabajas en un entorno ruidoso: niños jugando y perros ladrando de fondo no es precisamente profesional. Yo suelo utilizar los AirPods para reuniones rápidas e informales con clientes o proveedores de toda la vida en una cafetería, pero nunca para una consulta inicial con un posible cliente.

4. ESCRITORIO O SOPORTE DE ORDENADOR

Como he dicho antes, tienes que tratar tu cámara como si fueran los ojos de los demás participantes, así que tiene que estar montada justo encima de tu pantalla para que puedas mirarla y luego echar un vistazo fácilmente a sus caras. También he hablado de la importancia de que la cámara esté a la altura de tus ojos. Dependiendo de tu configuración, puede que tengas que cambiar la posición del ordenador. Un soporte de ordenador ajustable puede ser una opción barata, por lo general alrededor de 20 dólares. Sin embargo, el uso de uno de estos puede requerir un teclado y un ratón Bluetooth para que pueda seguir trabajando en su ordenador, incluso cuando se levanta de la mesa ($ 40).

Una opción más cara es un escritorio de pie. El mío es un escritorio ajustable Flexispot Electric (unos 250 dólares), que me permite subir y bajar el escritorio con un solo botón, y me permite aprovechar el poder de estar de pie.

EL PODER DE ESTAR DE PIE

¿Ha visto alguna vez a un cantante de ópera cantar desde un taburete? Para cantar con tanta potencia hay que utilizar toda la capacidad pulmonar. Haz la prueba: Respire lo más profundamente posible desde la posición de sentado y luego de nuevo de pie. Cuando se trata de hablar en público, la respiración es poder. Cuando hago mis presentaciones de pie, tengo más fuerza, más control sobre mi voz y mejor presencia.

La respiración es poder.

Ya que estamos, la respiración controlada es una de las tácticas clave de *Hablar sin miedo*. Tomarse tiempo para respirar profundamente te calma desde dentro hacia fuera. Hacer una pausa para respirar es un poderoso recurso retórico. Y los estudios demuestran que la respiración profunda está correlacionada con la tranquilidad, la quietud y la calma. Por el contrario, las respiraciones cortas son características de los ataques de pánico.

Y respirar es mucho más fácil de pie.

No hace falta que estés de pie en todas las reuniones, pero merece la pena tenerlo en cuenta siempre que hagas una presentación. Inténtalo, ¿qué puedes perder?

5. ANTECEDENTES

Tras el atentado del 11 de septiembre, el Presidente George W. Bush se dirigió a la nación desde el Despacho Oval. El Presidente estaba sentado ante un gran escritorio, despejado salvo por dos carpetas de cuero. Detrás de él había un par de fotos familiares y estaba flanqueado a ambos lados por la bandera estadounidense y la presidencial. Mientras Bush hablaba, la cámara se estrechaba, mostrándole sólo a él de hombros para arriba, las franjas rojas y blancas de la bandera estadounidense a un lado y la garra del águila, llena de flechas, al otro. Durante los cuatro minutos que duró el discurso, esos símbolos de la guerra dominaron silenciosamente el plano.

Independientemente de lo que piense sobre lo que ocurrió tras el 11-S, la intencionalidad estaba clara. América estaba respondiendo con desafío.

Puede que nunca tenga que dirigirse a una nación en un momento tan crucial, pero aún así puede aprender a elaborar intencionadamente sus antecedentes.

Mírelo de esta manera. Si supieras que tu director general o un cliente potencial van a visitar tu oficina, ¿te tomarías un tiempo para limpiar? Quizá seleccionarías cuidadosamente un proyecto para dejarlo sobre tu mesa y echarías un vistazo a los libros de tu estantería. Si no estuvieras seguro de su postura política, quizá esconderías los tebeos políticos. En resumen, miraría su despacho con los ojos de un extraño y consideraría lo que comunica.

La vista de la cámara es tu oficina virtual. ¿Qué dice tu oficina de ti?

La vista de la cámara es efectivamente tu oficina virtual.

Utilice estos dos principios para diseñar su fondo:

En primer lugar, el fondo no debe distraer. No debe desviar la atención de los asistentes de ti o de la reunión. He aquí algunas sugerencias:

- Asegúrate de que todo esté limpio y despejado. Si crees que puede estar demasiado recargado, probablemente lo esté.

- Mantenlo organizado: Muchas personas (sobre todo las que padecen TDAH) tendrán problemas si está desordenado.

- Evita los temas de conversación que distraigan: Una escultura de Lego de Chewbacca de tamaño natural puede ser genial, pero no querrás que la gente se centre en ella en vez de en ti.

- Evite los temas controvertidos. Ya sean de naturaleza política o religiosa, pueden provocar juicios precipitados.

En segundo lugar, sus antecedentes deben decir algo sobre usted. Debe transmitir profesionalidad y autoridad:

- Ten un lugar específicamente diseñado que diga: "Este es mi trabajo y me lo tomo en serio". Una pared blanca en blanco o una vista de tu armario no lo hacen.

- Una decoración de buen gusto demostrará tu inteligencia. Si la decoración no es lo tuyo, busca a alguien que te ayude.

- Haz que la decoración sea compatible con tu especialidad, pero que sea sutil. La ostentación puede resultar muy desagradable.

- Considera también artículos que demuestren autoridad: si eres un gurú de la cultura pop, ese Chewbacca de Lego puede no ser tan mala idea.

Sus antecedentes deben transmitir profesionalidad y autoridad.

Para mi montaje habitual, tengo un fondo de madera envejecida que sirve para enmarcarme, algunas plantas vivas y una estantería sencilla con mis libros más vendidos a la vista junto a mi colección de Patrick Lencioni.

Oportunidad virtual

La comunicación virtual le permite construir la realidad que quiere presentar. Un poco de diseño creativo puede darle un aspecto más profesional a su oficina. Se pueden utilizar pequeños trucos para ocultar un rasgo físico que siempre te ha cohibido. Mostrar tus notas en la pantalla como si fuera un teleprompter puede hacer que parezca que trabajas de memoria.

La cuestión es que la comunicación virtual abre toda una nueva bolsa de trucos que puedes utilizar para aumentar tu autoridad e influencia.

Quizá estés pensando: "No te preocupes. Yo sólo uso un fondo virtual". Hay diversas opiniones al respecto, pero yo no soy fan por varias razones. En primer lugar, sólo satisfacen a medias el primer principio de no distraer, pero no dicen mucho de ti y parecen menos auténticos.

En segundo lugar, los humanos somos desconfiados por naturaleza. Cuando veo un fondo virtual, me pregunto qué ocultan y qué hay *realmente* en el fondo.

En tercer lugar, la tecnología no es perfecta. Siempre se nota cuando una persona la está utilizando, sobre todo cuando se mueve. Gesticula demasiado rápido con la mano y desaparecerá temporalmente. *Eso sí* que distrae.

Básicamente, sólo recomiendo un fondo virtual como mal menor. Si necesitas utilizar uno, aquí tienes algunas sugerencias:

- Elige bien la imagen de fondo. Asegúrate de que sea profesional y no distraiga.

- Utiliza una buena iluminación, que ayudará a que la tecnología de "pantalla verde" funcione mejor.

- Pruébate la ropa que piensas ponerte.

- Practica no moverte demasiado rápido.

Busca en Google "Zoom meetings" y echa un vistazo a las imágenes, centrándote sólo en los antecedentes reales o virtuales de los participantes. ¿Qué te ha gustado y qué no?

6. ENCUADRE DE LA TOMA

Hace poco dirigí un taller sobre comunicación virtual para más de 100 diseñadores en Adobe, y me puse un poco nerviosa cuando llegué a la parte de encuadrar la toma. Ellos son los expertos. Yo sólo tenía que decir "regla de los tercios" y ellos sabían exactamente a qué me refería.

Básicamente, la regla de los tercios es un principio que los fotógrafos y videógrafos utilizan para encuadrar tomas que creen interés visual y sean más agradables a la vista.

Funciona así. Imagina que dibujas un tablero de tres en raya sobre esta imagen, dividiéndola en nueve secciones iguales. Los cuatro puntos en los que se cruzan las dos líneas horizontales y verticales crean tus puntos focales más fuertes, y luego las propias líneas crean los segundos puntos focales más fuertes. En lugar de centrar la cámara en el sujeto, intenta utilizar esos puntos focales. Observa en la siguiente imagen que la cabeza del niño está en la intersección superior derecha. Su cuerpo sigue la línea vertical izquierda y la intersección superior izquierda se encuentra entre sus ojos.

¿Cómo se aplica esto a tu montaje? Además de colocar la cámara a la altura de los ojos, debes prestar atención al encuadre de tu "imagen", es decir, a lo que ven los demás participantes. Muchas cámaras tienen una función para añadir una cuadrícula con la "regla de los tercios". Actívala y juega a encuadrarte. Intenta mantener los ojos en la línea superior y luego experimenta moviéndote a izquierda y derecha. ¿Qué objetos del fondo se alinean con los puntos focales y crean interés? (Ten en cuenta que en mi configuración de pie mis ojos están en la línea superior y mi estantería y mis codos en el tercio inferior).

La ventaja añadida de mantener la mirada en la línea superior es que te mantiene a una distancia adecuada de la cámara. No conviene estar más cerca, porque si no da la sensación de que te estás inmiscuyendo en el espacio personal de los participantes, lo cual es emocionalmente agotador para ellos. Pero tampoco conviene estar más lejos. Esta posición también muestra visiblemente toda la amplitud de movimiento del hombro. Esto es más importante de lo que crees, porque comunicamos mucho con los hombros.

Solución en 60 segundos

Vuelve a buscar en Google "Zoom meetings", pero esta vez presta atención a cómo están encuadradas las tomas. ¿Cuáles te parecen mejores? ¿Ves cómo funciona la regla de los tercios?

Como ya he dicho, esos primeros cinco minutos son preciosos, y no puedes permitirte quemarlos mientras:

- Averigua cuál es tu micrófono.
- Charla trivial.
- Edita tus diapositivas.
- Carga el software de presentación.
- Cámbiate de habitación o de ordenador para mejorar la conexión.

_____

En el siguiente capítulo se analizan aspectos que pueden hacer que tu presentación sea un éxito o un fracaso, como el software y la conectividad. A continuación, te mostraré cómo hacer una llamada práctica que unirá todo lo aprendido en los capítulos 12 y 13.

Nunca te dirijas a tu gran presentación sin un ensayo general.

Capítulo 13

Elija las herramientas adecuadas

Utilizando un ordenador como analogía, todo lo expuesto en el último capítulo podría compararse vagamente con el hardware. Ahora vamos a centrarnos en el software (metafórica y literalmente). Empezaremos por la plataforma, los servicios que facilitan las reuniones virtuales. Luego veremos el software de presentación: herramientas para ir más allá de la mera presentación.

Aunque está escrito desde la perspectiva de ayudarte a elegir qué herramientas utilizar, también sirve como un buen estudio de las opciones. Probablemente necesitarás tener conocimientos prácticos de más de un sistema.

FUNDAMENTOS DE LAS PLATAFORMAS DE COMUNICACIÓN VIRTUAL

Parece no haber fin de programas y plataformas de comunicación virtual, cada uno de ellos diseñado para distintos tipos de usuarios. Antes de elegir uno, debe conocer sus propias necesidades. Estos son los elementos clave que debes tener en cuenta:

Disponibilidad: Asegúrate de que todos los asistentes a la reunión pueden utilizar la plataforma. Por ejemplo, Facetime es la plataforma de videoconferencia más utilizada, pero solo funciona con productos Apple.

Una buena regla general es utilizar la plataforma más popular que haga el trabajo. La mayoría de la gente tiene al menos una ligera resistencia al cambio y puede optar por saltárselo antes que aprender un nuevo programa. Incluso tener que crear una nueva contraseña es una barrera suficiente para muchos.

La mayoría de la gente tiene al menos una leve resistencia al cambio y puede optar por saltárselo en lugar de aprender un nuevo programa.

Facilidad de uso: Algunas plataformas son más intuitivas que otras. Facebook Messenger es la segunda plataforma más utilizada porque es fácil de usar. Pero "fácil de usar" a menudo significa menos opciones.

Reputación: Lo que una plataforma promete y lo que cumple puede no ser lo mismo. Investiga la reputación de la empresa en aspectos como:

- Conectividad y fiabilidad: ¿Tienen mucho tiempo de inactividad?

- Atención al cliente: Los servicios gratuitos pueden no tener más que un

   "base de conocimientos". Otros ofrecen servicio 24 horas al día, 7 días a la semana.

- La seguridad: ¿Mantienen tus datos a salvo? ¿Te protegerán del "Zoom bombing"?

Limitaciones: ¿Cuántas personas pueden reunirse? ¿Cuánto pueden durar las reuniones? Esto está directamente relacionado con el siguiente punto.

Coste: Muchos servicios tienen una versión gratuita, pero con mayores limitaciones y menos funciones. No empieces a utilizar una plataforma gratuita por la que no estarías dispuesto a pagar si superas la versión gratuita. Si no piensas en el futuro, te quedarás atascado utilizando algo que no crece contigo o tendrás que cambiar de plataforma, lo que te costará a ti y a tu equipo un tiempo valioso, haciendo que el servicio gratuito pueda costar más a largo plazo.

Características: Tenga una idea clara de las funciones que necesita. Si todo lo que va a hacer son breves llamadas de coaching individuales, la versión gratuita de Zoom probablemente estará bien, pero no si va a organizar un seminario web de todo un día para mil personas. Estas son algunas de las características clave que debes buscar:

- Aplicaciones iPhone/Android

- Herramientas de chat

- Compartir documentos y archivos

- Herramientas de presentación

- Opción de marcación telefónica, que ofrece audio más fiable y accesibilidad para quienes no tienen un gran acceso a Internet.

- Posibilidad de grabar y transcribir la reunión
- Integración con herramientas populares como Google Docs y Office 365
- Capacidad para utilizar vídeos pregrabados y en directo
- Herramientas de programación

Salas de descanso

ESTUDIO DE PLATAFORMAS

Entre una variedad aparentemente interminable de plataformas, esto proporcionará un vistazo rápido a algunas de las opciones más populares e importantes. Las he agrupado en cinco categorías, pero en realidad hay muchas diferencias entre ellas. Lo más probable es que necesites sentirte cómodo trabajando con varias de ellas, en función de la situación.

1. COMUNICACIÓN PERSONAL:

Plataformas como **Facetime, Facebook Messenger, Google Duo, Google Hangouts, WhatsApp** y **Marco Polo** son plataformas de comunicación virtual populares y fáciles de usar que utilizan el vídeo de una forma u otra. Aunque representan la mayor parte de la comunicación en línea, es mejor reservarlas para la comunicación personal que para la profesional. [xxx] No sólo carecen de funciones clave y tienen importantes limitaciones, sino que además no transmiten profesionalidad. Pedir a un cliente potencial que te llame Marco Polo puede ser el equivalente a utilizar "teamcul887ever91@yahoo.fr" como dirección de correo electrónico del trabajo.

Reserve estas plataformas para charlas informales con amigos y clientes consolidados. Excepción importante: Facebook Live tiene un gran potencial para los webinars (ver más abajo).

2. REUNIONES VIRTUALES

Se trata de las plataformas estándar de reuniones virtuales y conferencias web.

Zoom es la plataforma más conocida y popular de este tipo. Es (literalmente) sinónimo de videoconferencia. Y no le falta razón: es relativamente fácil de usar, tiene un gran plan gratuito, un buen historial de resultados y un montón de funciones, como herramientas de programación, salas de reuniones, chats y un límite máximo de 50.000 participantes.

Y lo que no es menos importante, está basado en Internet y, por tanto, es accesible desde cualquier dispositivo. Y su popularidad significa que la mayoría de la gente sabe cómo usarlo. Puede que haya otras plataformas con más funciones o planes más baratos, pero si Zoom te funciona, te recomiendo que te quedes con ella.

Skype se sitúa entre la comunicación personal y esta categoría. Lleva mucho más tiempo funcionando que Zoom y mucha gente ya tiene cuentas personales, por lo que a muchos les resulta familiar. Muchos de sus servicios son gratuitos, pero se sabe que tiene problemas de buffering y retrasos.

GoToMeeting es otra opción popular y algunos la consideran la mejor opción para las pequeñas empresas. Tiene un montón de características, funciona en casi cualquier dispositivo, pero no tiene una versión gratuita.

3. PLATAFORMA ESPECÍFICA

Si su equipo utiliza G Suite y se siente cómodo con sus herramientas, Google Meet puede ser una buena opción para usted. No es necesario que los participantes estén suscritos a G Suite, pero tendrán que iniciar sesión con una cuenta de Gmail.

Del mismo modo, los suscriptores de Office 365 pueden querer utilizar **Microsoft Teams** para su comunicación virtual. También permite participantes invitados. Dada la gran presencia de Microsoft en el lugar de trabajo, no es de extrañar que Teams sea una de las plataformas de comunicación virtual más utilizadas.

4. COMUNICACIÓN INTERNA

Slack es quizá la plataforma más conocida para la comunicación dentro de una empresa. **RingCentral Meetings es** cada vez más popular, sobre todo por su generoso plan gratuito.

5. SEMINARIOS WEB Y CONFERENCIAS

Muchos empresarios han utilizado **Facebook Live** con eficacia para organizar seminarios web. Es gratis, de fácil acceso para los usuarios de Facebook y puedes atraer clientes a través de la publicidad de pago de Facebook.

ClickMeeting es una opción popular para las pequeñas empresas. Es más profesional que Facebook Live y tiene muchas más funciones, pero no tiene una opción gratuita. **ON24** también está muy bien valorado y tiene una versión de prueba gratuita.

AYUDAS VISUALES Y SOFTWARE DE PRESENTACIÓN

¿Estamos todos de acuerdo en que ver a alguien hablar *sin más* puede resultar aburrido? Las ayudas visuales bien utilizadas, como imágenes, gráficos, viñetas y clips de vídeo, no sólo mantienen el interés y el atractivo, sino que mejoran el impacto.

Ver a alguien hablar sin más es aburrido.

"Utilizar eficazmente" es crucial. Las ayudas visuales mal utilizadas pueden ser perjudiciales. Pueden distraer de su contenido, ofender involuntariamente a su audiencia o socavar su autoridad. Una vez vi a un capellán introducir su devocional de apertura con un vídeo del ensayo de baile de *Flashdance*. ¿Qué tenía que ver eso con su devocional? Absolutamente nada. Michael Scott, de *"The Office"*, no podría haber logrado un choque de trenes de torpeza más agradable.

He aquí algunos principios rectores que pueden ayudarle a evitar ser la ilustración de otra persona con ayudas visuales mal utilizadas:

1. MANTENER LA RELEVANCIA Y EL PROPÓSITO.

Cada imagen, texto o clip debe tener una razón de ser. No muestres fotos de las vacaciones de tu familia en Cancún a menos que estén directamente relacionadas con tu presentación. Incluso después de haber creado tus diapositivas, vuelve a repasarlas y pregúntate, una por una: "¿Contribuye esto activamente a mi argumento?". He aquí algunas formas eficaces de utilizar ayudas visuales:

- Utilice una estadística para crear interés o demostrar un problema que debe solucionarse.
- Consiga un impacto emocional con una imagen, un clip o una cita.
- Apelar a una autoridad mediante una cita.
- Destilar las ideas clave en frases bien elaboradas y memorables.

2. ASEGÚRATE DE QUE SEA INTERESANTE.

Que sea verdad no significa que sea interesante. Y que sea interesante para ti no significa que lo sea para los demás. Si tu historial sugiere que tiendes a divagar sobre detalles que aburren a los demás, puede ser una buena idea que repases tu presentación con un amigo o colega.

Que sea verdad no significa que sea interesante.

3. MANTENTE AL DÍA.

Si en tu presentación utilizas el clásico fondo azul oscuro que pasa a negro y viñetas amarillas en forma de ❖ , acabas de proclamar a los cuatro vientos que sigues en 1998. Sería mejor no tener ningún tipo de ayuda visual que utilizar otras que disminuyan tu autoridad. No hace falta que estés a la última, pero no te quedes anticuado.

No tienes que ser vanguardista, pero tampoco anticuado.

4. EN CASO DE DUDA, NO LO HAGAS.

Tenga siempre presente a su público al crear su presentación: puede salirse con la suya más hablando a un grupo de camareros que a la clase de tercero de primaria de su hija. Pero evita todo lo que pueda interpretarse como sexista, racista o despectivo hacia cualquier grupo. Ten mucho cuidado cuando te refieras a un grupo del que no formes parte, sobre todo si no estás de acuerdo con él. Los chistes con carga política pueden hacerte reír, pero pueden acabar con tu credibilidad. En caso de duda, no lo utilices. Hay gente que pierde su trabajo porque "la gente no aguanta una broma".

5. LAS AYUDAS VISUALES NO DEBEN SER EL CENTRO DE ATENCIÓN.

Las ayudas visuales son complementarias, no primarias. A menudo, los presentadores confían demasiado en los elementos visuales, lo que les resta autoridad. Utilízalos para centrar la atención en ti, porque eres tú quien lleva el mensaje, y no al revés. Y no olvides la Ley de Murphy. Si algo puede salir mal, saldrá mal. Nunca debes depender tanto de las ayudas visuales como para que su ausencia te desconcierte.

ENCUESTA SOBRE SOFTWARE DE PRESENTACIÓN

Una cosa es tener el contenido para una presentación y otra muy distinta es ser capaz de organizarlo todo sin tener que tirar el ordenador por la habitación. Afortunadamente, los programas de presentación se han vuelto mucho más intuitivos con el paso de los años. Y muchas de las plataformas de comunicación virtual tienen herramientas integradas, aunque puede que carezcan de las funciones que necesitas. Estos son algunos aspectos que debes tener en cuenta a la hora de elegir tu software de presentaciones:

Facilidad de uso: ¿Es intuitivo o hay una enorme curva de aprendizaje? Si sólo piensas crear una o dos presentaciones, probablemente no merezca la pena invertir mucho tiempo en aprender un nuevo programa.

Compatibilidad y accesibilidad: ¿Serán compatibles las presentaciones que crees con la plataforma que vayas a utilizar? Y ¿podrás guardarlas y utilizarlas con otro software en el futuro?

Características: ¿Hace lo que quieres que haga?

Coste: Como antes, el software gratuito puede acabar costándote más a largo plazo. No sé tú, pero yo odio invertir mucho tiempo en un programa sólo para descubrir que no tiene algunas funciones que necesitaba. El tiempo perdido fue más valioso que el coste de un software mejor.

Dicho esto, he aquí los programas de presentación más populares:

PowerPoint es fácilmente el software de presentaciones más conocido y tiene muchas funciones excelentes. Es fácil de usar, especialmente si ya te sientes cómodo con Office 365 de Microsoft. Pero algunos usuarios se sienten abrumados por la cantidad de funciones.

Google Slides es la versión G Suite de PowerPoint y tiene características similares. Ambas ofrecen versiones gratuitas y de pago y hay mucho debate en línea sobre cuál es la mejor. Una diferencia clave es que Office 365 se pasa principalmente en el escritorio y G Suite en la nube. Al final, yo me quedaría con el sistema (Office o G Suite) con el que ya te sientas cómodo.

Keynote es el software de presentaciones de Apple y está incluido en la mayoría de sus dispositivos. Es fácil de usar, sobre todo para quienes ya están familiarizados con Apple. Sin embargo, carece de la compatibilidad de PowerPoint y no es fácil de usar en otros sistemas.

Prezi es mi favorita. Con todas las opciones anteriores, la presentación ocupará la mayor parte de la pantalla y tú estarás metido en una cajita. Pero Prezi me permite compartir la pantalla con ella sentada sobre mi hombro mientras sigo manteniendo el contacto visual con los participantes. Además, su formato básico es completamente diferente. Mientras que PowerPoint y las diapositivas son lineales (se avanza a través de una serie de diapositivas), Prezi no es lineal. Es más como moverse por un mapa, acercándose y alejándose según sea necesario. A algunos les encanta la libertad creativa que esto ofrece, pero a otros les resulta confuso. Y las presentaciones mal diseñadas pueden provocar mareos.

Al igual que con las plataformas, tómese su tiempo para considerar sus necesidades actuales y futuras. No te apresures a elegir un software hasta que hayas jugado con las opciones.

CONECTIVIDAD

El último aspecto que hay que comprobar es la conectividad. Nada grita "no estoy preparado" como una mala conexión. Las conversaciones entrecortadas, los retrasos de vídeo y las interrupciones de la reunión anulan la comunicación y hacen perder tiempo.

Nada grita "¡No estoy preparado!" como una mala conexión.

La cantidad de ancho de banda que necesitas varía, pero Zoom recomienda un ancho de banda de carga y descarga de 1,2 megabits por segundo para videollamadas individuales de 720p y de 1,8 Mbps para Full HD (1080p). Una reunión con vista de galería requiere algo más y los requisitos de Microsoft Teams son similares. La mayoría de las redes ofrecen fácilmente esas velocidades, pero puedes utilizar speedtest.net para comprobar tu ancho de banda.

Si vas a trabajar desde la red de otra persona, asegúrate de probarla con antelación. Y no sólo una vez, sino varias y en condiciones similares a las que se darán en tu reunión (es decir, el número de usuarios de la red). Es como planificar el tiempo de viaje al aeropuerto: no te bases en el flujo de tráfico de las 3 de la mañana si vas a ir en hora punta. Si no estás convencido de que habrá suficiente ancho de banda, haz otros preparativos.

Siempre es aconsejable tener un plan de respaldo, sobre todo para reuniones críticas. Utilizar el móvil como punto de acceso puede ser una buena opción, pero asegúrate de tener buena cobertura y datos suficientes.

Siempre es aconsejable tener un plan de reserva.

Lo mismo ocurre si vas a utilizar tu red doméstica. Pruébalo con antelación y utiliza speedtest.net para comprobar tu ancho de banda. Si los resultados son sistemáticamente inferiores a lo prometido por tu proveedor de servicios de Internet (ISP), ponte en contacto con él.

Si tu ancho de banda parece suficiente pero sigues experimentando retrasos o problemas de conectividad, aquí tienes algunas cosas que debes comprobar:

¿CUÁNTAS PERSONAS HAY EN LA RED?

El resto de la actividad de la red influye directamente en la cantidad que te queda. Por eso, aunque tu proveedor de servicios te diga que recibes 20 Mbps, las otras cinco personas podrían estar consumiéndolos todos y no dejarte suficiente. No olvides que todos los dispositivos (ordenadores, teléfonos, tabletas, televisores e incluso electrodomésticos) conectados a tu red consumen ancho de banda. Tu router Wi-Fi debería permitirte comprobar cuántos dispositivos están conectados y cuántos datos consumen. Y ni que decir tiene que debes tener una buena contraseña en tu red para evitar cualquier "gorrón".

Es decir, puede que necesites apagar algunos dispositivos y pedir a otros que se abstengan de realizar actividades que consuman ancho de banda durante tus reuniones para preservar tu ancho de banda.

¿TIENES DEMASIADAS APLICACIONES ABIERTAS?

Dependiendo de la edad y la potencia de tu equipo, otras aplicaciones pueden estar causando que tu ordenador se ralentice. Comprueba el Monitor de Actividad (Apple) o el Administrador de Tareas (PC) para evaluar el uso de energía de tu ordenador (existen aplicaciones similares para Android y iPhone). Si parece que la memoria del sistema se está agotando, cierra las aplicaciones innecesarias.

UTILICE UNA LAN O PRUEBE SU CONEXIÓN WI-FI

Si es posible, utiliza una conexión por cable (LAN o red de área local) en lugar de Wi-Fi. Mi ordenador está directamente enchufado al módem de Internet, lo que me proporciona el mejor y más rápido acceso a Internet de mi casa.

Si esa no es una opción, asegúrate de probar tu conexión porque todo el ancho de banda del mundo no te servirá de nada si tu señal Wi-Fi es débil. Y no basta con ver cuántas "barras" tienes. Las herramientas como los repetidores tienen fama de tener mucha señal pero pocos datos.

SOLUCIÓN DE PROBLEMAS DE CONEXIÓN

En algún momento, puede que necesites llamar a un profesional, pero muchos problemas pueden solucionarse con un poco de paciencia y muchas búsquedas en Google. No soy técnico informático, pero a continuación te explico cómo solucionar problemas básicos:

En palabras de Roy y Moss de *The IT Crowd*, ¿has probado a apagarlo y volverlo a encender? Empieza siempre por reiniciar todos los componentes, incluidos el módem y el router, apagándolos durante diez segundos y reiniciándolo después. Eso sí, compruébalo antes con los demás: no querrás ser el responsable de la pérdida de la creación de Minecraft de tu hija.

¿Has probado a apagarlo y volverlo a encender?

A partir de ahí, intenta aislar el problema eliminando todos los posibles problemas. Conéctate directamente a la red (para eliminar cualquier duda sobre el Wi-Fi) y asegúrate de que todo el mundo está fuera de la red. Si tiene una buena conexión, intente utilizar Wi-Fi, pero siéntese junto al router. A continuación, mueve el dispositivo a su ubicación normal. Si sigue funcionando bien, deja que los demás utilicen la red y vuelve a intentarlo.

CONVOCATORIA DE PRÁCTICAS

Mi amigo Josh se encargaba del sonido de su pequeña universidad. Mientras se preparaban para su gran evento "Campus abierto", se dio cuenta de que necesitaban un nuevo equipo para hacer frente al aumento de la demanda de audio. Debido a los retrasos en los envíos, lo recibió la noche anterior y se quedó hasta tarde instalándolo. Hizo algunas pruebas y quedó satisfecho con los resultados, aunque no había podido probarlo con la banda al completo.

A la mañana siguiente, la banda hizo su dramática apertura sólo para llenar la sala de chillidos dolorosamente distorsionados. El público se tapó literalmente los oídos y todos los que estaban en el escenario, incluido el presidente de la universidad, le miraron fijamente. No pudo hacer nada y se escabulló avergonzado. Le pregunté qué había pasado después y me dijo que lo había bloqueado todo. No creo que estuviera bromeando.

Al día siguiente, el Presidente se mostró sorprendentemente amable. "No debimos dejarle cambiar de caballo el día de la carrera", dijo. Es una lección que nunca ha olvidado y haríamos bien en aprender de su error.

Nunca empieces tu gran presentación sin un ensayo general. Una vez que tengas todo listo -un buen equipo, un fondo que diga "soy un profesional", una toma bien encuadrada y mucho ancho de banda-, es hora de hacer algunas llamadas de práctica.

Nunca te dirijas a tu gran presentación sin un ensayo general.

Busca a un amigo o colega que esté familiarizado con la plataforma que vayas a utilizar y pídele que asista a una reunión de práctica. Asegúrate de imitar cada aspecto de la presentación lo más fielmente posible y presta atención a estos detalles:

- ¿Sabe utilizar cada pieza del equipo sin pensar en ello?
- ¿Funciona el equipo a la perfección?
- ¿Sabe cómo iniciar/unirse a la reunión en esta plataforma?
- ¿Te sientes cómodo con todos los programas de presentación que puedas utilizar?

- ¿Hay algún material o información que necesite tener fácilmente accesible?

Oportunidad virtual

En mi libro Speak With No Fear, *cuento el caso de un amigo cuyo discurso entero naufragó porque se le había bajado la bragueta. Las reuniones en línea te permiten controlarte y asegurarte de que tus gestos y expresiones faciales comunican lo que quieres que comuniquen, y te ayudan a evitar fallos de vestuario.*

Pide a tu amigo que preste atención a estos detalles:

- ¿Ha funcionado todo correctamente?
- ¿Se mostró seguro con la plataforma y el material de presentación?
- ¿La cámara era clara? ¿Había una buena iluminación que no te desluciera?
- ¿Parecía mirarlos a los ojos sin mirarlos fijamente?
- ¿Cómo era la calidad del sonido? ¿Se oían los ruidos de fondo?
- ¿Su fondo no distraía (bien)? ¿Era profesional (mejor)? ¿Comunicaba su autoridad (mejor)?
- ¿Estabas bien encuadrado en la pantalla?

No te frustres si no te sale todo a la primera. Para eso estás practicando. Repítelo con un público nuevo hasta que te sientas completamente cómodo con todo.

_____

La perspectiva adecuada, la preparación, el liderazgo valiente, la configuración correcta... hemos cubierto mucho terreno. Creo que te he dado todas las herramientas que necesitas para que tú y tu empresa paséis al siguiente nivel de comunicación virtual.

Las empresas que pueden adoptar nuevas tecnologías sin perder su esencia tienen más posibilidades de triunfar.

Capítulo 14

Conclusión

El filósofo griego Sócrates dijo lo siguiente sobre la invención de la escritura:

> Dejarán de ejercitar la memoria porque se basan en lo que está escrito, llamando a las cosas a la memoria ya no desde dentro de sí mismos, sino por medio de marcas externas.

La ironía es, por supuesto, que la única razón por la que podemos citarlo es porque estaba escrito. Pero no se equivocaba y la ciencia no ha hecho más que demostrar que el uso de teléfonos inteligentes y otras tecnologías no ha hecho más que aumentar nuestra tendencia a descargar información. Recordamos menos porque la guardamos en algún sitio. Pero, como la avalancha de información, ideas e historias no ha hecho más que crecer, la escritura nos ha permitido recopilar y retener mucho más de lo que habría sido posible sólo con la tradición oral.

Al igual que la escritura, la comunicación virtual no ha sustituido a la comunicación cara a cara, sino que ofrece otra herramienta. Y al igual que con los coches, los ordenadores, Internet o cualquiera de los otros grandes disruptores que al principio se descartaron como meras novedades, la comunicación virtual está aquí para quedarse y las empresas que sepan adoptar las nuevas tecnologías sin perder su esencia son las que tienen más posibilidades de triunfar.

Las empresas que pueden adoptar nuevas tecnologías sin perder su esencia tienen más posibilidades de triunfar.

COVID-19 cambió el mundo de muchas maneras, algunas buenas y otras malas. Creo que la explosión de Zoom y otras herramientas de conferencia web pertenece a la categoría de "cambios buenos". A medida que más y más gente se ha ido sintiendo cómoda con la comunicación virtual, mi alcance se ha multiplicado. Ya no estoy

se limita a trabajar con técnicos y pioneros. Los directores generales son ahora tan propensos a preguntar "¿Podemos hacer Zoom?" como cualquier otra persona. Mi clientela puede proceder de casi cualquier país del mundo.

Pero no ha sido fácil. He tenido que aprender a hablar por la puerta grande para aprovechar al máximo estas oportunidades. Ese ha sido mi propósito para este libro: ayudarte a maximizar los beneficios de la comunicación virtual minimizando los inconvenientes.

Las cuatro secciones de este libro representan los conceptos clave que no sólo debe dominar, sino enseñar a su equipo:

1. ENGAGE

Debemos pasar del modo solitario al modo social y relacionarnos con los demás como personas reales, tratándoles con las mismas cortesías que les ofreceríamos cara a cara. Mirarles a los ojos (a través de la cámara) y prestarles toda nuestra atención. Pero no *es* como cara a cara. Debemos emplear energía extra para impulsarnos a través de la pantalla, y a cambio recibiremos más energía, hasta el punto de salir de nuestras reuniones más frescos.

2. ASISTIR

Si prestamos más atención a las reuniones a las que asistimos, lo que incluye prepararnos y vestirnos para la ocasión, sacaremos más provecho de ellas. Hay que prestar especial atención a cómo nos presentamos, para ser conscientes de cómo nos percibirán los demás.

3. LÍDER

Las grandes reuniones son el resultado de un gran liderazgo. Empieza por una preparación adecuada: tener un orden del día, seleccionar cuidadosamente a los participantes, saber de qué tipo de reunión se trata y comunicar las expectativas. Pero los facilitadores demuestran realmente su valía durante la reunión manteniendo el rumbo en beneficio de todo el grupo.

4. CONFIGURAR

Nuestro montaje virtual -todo lo que los participantes pueden ver u oír- refleja nuestra profesionalidad. Es demasiado importante para dejarlo al azar. Es fundamental pensar y probar cada elemento para asegurarnos de que funciona como deseamos.

Nada de lo que se dice en este libro es imposible y algunas cosas son muy sencillas, como llevar pantalones a tu próxima reunión de Zoom. Pero algunas de ellas requerirán trabajo y otras valor.

Merecerá la pena.

Toda la energía que dedique a las reuniones virtuales le será devuelta, con intereses, a medida que sus reuniones sean más atractivas, más potentes y más productivas. Es una pequeña inversión que te compensará de una forma inimaginable.

INTRODUCCIÓN